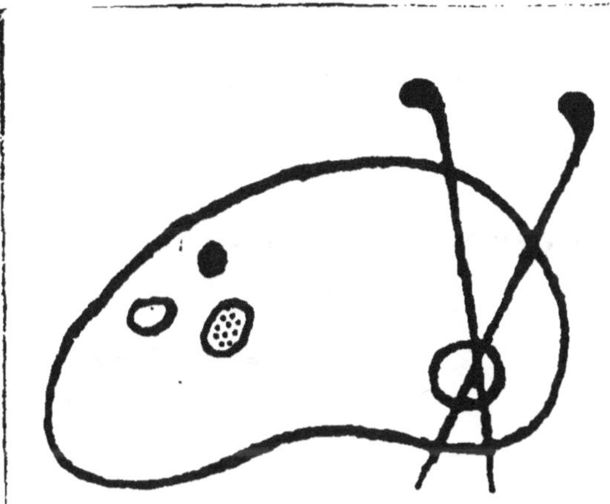

Début d'une série de documents
en couleur

DE

LA SITUATION ET DES BESOINS

DES

CAISSES DE PRÉVOYANCE

EN FAVEUR DES OUVRIERS MINEURS

EXAMEN DES COMPTES DES ANNÉES 1856-1860;

PAR **M. AUG. VISSCHERS**,

MEMBRE DU CONSEIL DES MINES.

BRUXELLES.

J. J. VAN DOOREN, IMPRIMEUR, CHAUSSÉE DE WAVRE, 25

1862.

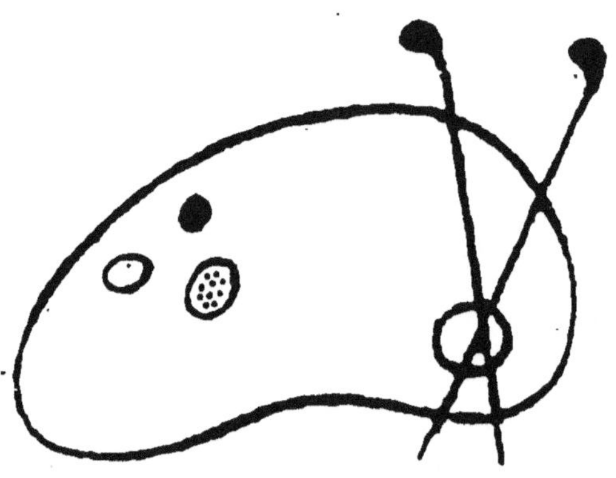

Fin d'une série de documents
en couleur

CAISSES DE PRÉVOYANCE

EN FAVEUR DES OUVRIERS MINEURS.

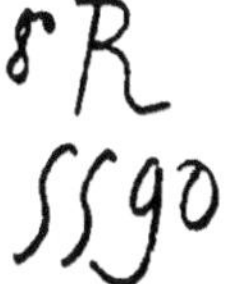

DE

LA SITUATION ET DES BESOINS

DES

CAISSES DE PRÉVOYANCE

EN FAVEUR DES OUVRIERS MINEURS.

EXAMEN DES COMPTES DES ANNÉES 1856-1860;

PAR M. AUG. VISSCHERS,

MEMBRE DU CONSEIL DES MINES.

BRUXELLES,

B. J. VAN DOOREN, IMPRIMEUR, CHAUSSÉE DE WAVRE, 25

1862.

EXTRAIT DES ANNALES DES TRAVAUX PUBLICS DE BELGIQUE. T. XIX.

DE

LA SITUATION ET DES BESOINS

DES

CAISSES DE PRÉVOYANCE

EN FAVEUR DES OUVRIERS MINEURS.

CHAPITRE PREMIER.

POSITION ACTUELLE DES CAISSES DE PRÉVOYANCE.

Il y a telle question qui, avant de recevoir une solution, a dû être traitée et examinée à diverses reprises. Tout le monde semble d'accord sur les prémisses, et la solution se fait attendre. Lorsque la question est vidée, on s'étonne des retards qu'elle a subis ; on se demande quels obstacles ont pu aussi longtemps entraver l'adoption d'une proposition aussi simple, d'une mesure aussi avantageuse.

La sympathie publique est acquise aux institutions de prévoyance ; on reconnait que, pour l'avenir, elles sont le meilleur mode de solution du terrible problème du *paupérisme*. En 1850 et 1851, la Législature belge a adopté deux lois fort importantes pour les intérêts des classes laborieuses : la loi qui institue une Caisse générale de retraite, bien que cette loi réclame de profondes modifications, et celle qui a permis au Gouvernement d'assurer certains avantages légaux aux Sociétés de secours mutuels qui soumettent leurs statuts à son approbation. Il est à regretter qu'à cette époque, bien que plusieurs orateurs de la Chambre des Représentants l'aient expressément réclamé, la sollicitude de la Législature ne se soit pas aussi étendue aux Caisses de prévoyance en faveur des ouvriers mineurs.

Il eût fallu, à cette époque, la présentation d'un projet de loi séparé pour accorder, aux Caisses de prévoyance en faveur des ouvriers mineurs, les mêmes avantages que ceux dont la loi du 3 avril 1851 a doté les Sociétés de secours mutuels *reconnues*. Nous reviendrons plus tard sur les différences qui existent entre ces caisses, dont le but est essentiellement d'assurer des pensions viagères aux ouvriers mineurs mutilés et incapables de travailler, et aux veuves et orphelins de ceux qui périssent par accident, et les simples associations mutuelles formées entre gens de métiers, et qui ne peuvent prospérer qu'à la condition de n'accorder que des secours *temporaires* aux associés, en cas de maladie ou d'infirmités. Mais, à cette époque, une loi présentée à temps aurait satisfait les intérêts d'une classe nombreuse d'ouvriers si dignes de sympathie.

Dès le 17 juillet 1850, le conseil provincial du Hainaut avait émis le vœu : « Que le Gouvernement avise aux moyens » de faire jouir, d'une manière permanente, tous les ouvriers » mineurs des bienfaits résultant des caisses de prévoyance. »

De son côté, le Gouvernement n'avait pas perdu de vue les intérêts de ces établissements. De 1839 à 1844, il avait successivement sanctionné les statuts de six *caisses communes* de prévoyance en faveur des ouvriers mineurs (1); un subside

(1) Les *Annales des travaux publics* ont, dans une série d'articles, rendu compte de l'institution de ces caisses, de leur développement, de l'extension qu'elles ont prise. Le dernier compte rendu, que nous y avons inséré, s'arrête à l'année 1855. L'objet du présent Mémoire, en continuant l'examen des opérations des caisses pendant les cinq années suivantes (1856 à 1860), est de démontrer la nécessité d'assurer leur avenir en leur donnant le caractère d'*établissements d'utilité publique*.

important de la Législature avait consolidé ces institutions. On cherchait, de commun accord, à les rendre permanentes, à les pourvoir de ressources suffisantes. De temps à autre, de terribles accidents arrivés dans les mines venaient apporter une nouvelle confirmation de l'utilité de ces caisses. Par dépêche du 13 avril 1850, M. Rolin, alors Ministre des travaux publics, consulta le Conseil des mines sur les avantages d'un projet de loi « ayant pour but d'obliger les exploitants de » mines à prendre part aux caisses de prévoyance. » La question était posée. Le Conseil, à la suite de deux rapports en date du 28 juin et du 9 août 1850, témoigna d'abord le désir de s'éclairer, et émit l'avis : « Qu'avant de formuler un » projet de loi, il y avait lieu de consulter les commissions » administratives des caisses de prévoyance, et ensuite les » députations permanentes des quatre provinces minières, » sur les encouragements généraux qu'une loi pourrait accor- » der à ces institutions et sur les moyens de les rendre per- » manentes (1). »

Cet avis préparatoire du Conseil des mines laissait entrevoir la pensée que, dues à l'initiative et à la bienveillance éclairée des exploitants de mines, ces institutions, pour devenir permanentes et étendre partout leurs bienfaits, n'avaient besoin que d'encouragements qui leur permissent de remplir leur mission. Dans un rapport développé fait au Conseil des mines, l'auteur de cet écrit analysa les réponses qui parvinrent au Conseil. Il y eut d'abord, et en majorité, des défenseurs de la liberté d'association qui, pour prospérer, ne réclame qu'une protection modérée ; il y eut cependant aussi des partisans de la contrainte légale. Le rapporteur discuta la nature et les li-

(1) Toutes les pièces formant l'enquête demandée par le Conseil des mines, et son avis définitif, en date du 17 décembre 1852, ont été imprimés à la suite du projet de loi présenté à la Chambre des Représentants par M. E. Van Hoorebeke, Ministre des travaux publics, dans la séance du 26 janvier 1854. Elles éclairent complétement la question, et seraient consultées avec fruit en cas de présentation d'un nouveau projet.

mites de la protection que réclamaient les caisses, spécifia les avantages qu'il était juste de leur accorder. Peu partisan de la contrainte, « sans doute, disait-il, malgré l'évidence des » dangers, un concessionnaire de mines, un exploitant de » minières de fer, auxquels cette obligation n'aura pas été » imposée, pourront continuer à négliger cette sage précau- » tion de mettre leurs ouvriers à l'abri des conséquences des » accidents qui arrivent dans les mines. Mais c'est là, Mes- » sieurs, l'effet de la liberté qui règle les actions humaines. » On ne peut imposer indistinctement aux hommes l'obliga- » tion d'être prudent, prévoyant, généreux, libéral. On ne » peut pas davantage proclamer que, quel que soit le défaut » de prévoyance de l'ouvrier mineur, son patron a le devoir » d'être prévoyant et généreux pour lui. Dans le monde mo- » ral, le mérite se mesure par le sacrifice. Pourquoi détruire » ou chercher à détruire ce que le zèle, la bienveillance, la » charité ont produit depuis treize années, pour y substituer » un double impôt nouveau : la *contribution* et les *retenues* » *obligatoires ?* »

Par son avis du 17 décembre 1852, le Conseil des mines formula un projet de loi, dont l'article 1er indique la portée, mais que nous reproduisons ci-après en entier (voir aux *Annexes*). Cet article était ainsi conçu :

« Art. 1er. Les caisses communes de prévoyance, formées » dans l'intérêt des ouvriers attachés à l'exploitation des » mines, minières et carrières, ou aux ateliers qui en dépen- » dent, et dont le but est d'assurer, en cas d'accidents, des » secours et des moyens d'existence aux ouvriers devenus in- » capables de travailler, ainsi qu'aux veuves et aux familles » de ceux qui ont péri; des secours aux vieillards et aux » infirmes, dans les limites des ressources de ces caisses, pour- » ront être reconnues par le Gouvernement comme établis- » sements d'utilité publique, en se soumettant aux condi- » tions indiquées ci-après. »

Un arrêté royal, pris en exécution de cette loi, aurait accordé le caractère d'établissements d'utilité publique à ces institutions, à charge de se conformer aux prescriptions de la loi et de maintenir leurs ressources en rapport avec leurs besoins. Les avantages accordés à ces institutions étaient la faculté d'ester en justice, l'exemption des droits de timbre et d'enregistrement pour tous actes passés au nom de ces caisses ou en leur faveur ; enfin, la faculté de recevoir des donations et des legs, moyennant l'accomplissement des formalités prescrites par le n° 3 de l'art. 76 de la loi communale.

Un article essentiel (art. 7) prescrivait aux caisses l'obligation d'adresser, annuellement, à la députation permanente de la province, un compte de leurs recettes et de leurs dépenses pendant l'exercice écoulé.

Ce projet fut présenté avec un Exposé des motifs par M. E. Van Hoorebeke, Ministre des travaux publics, dans la séance de la Chambre des Représentants du 26 janvier 1854. Mais le temps était passé où de semblables projets étaient discutés d'urgence. L'examen du projet de loi s'arrêta sur le seuil des sections de la Chambre. La dissolution, survenue en 1857, le mit à néant.

Cependant la loi du 3 avril 1851, relative aux Sociétés de secours mutuels, qui n'accordent que des secours *temporaires* à leurs membres, en cas de maladie ou d'infirmités, a reçu depuis dix années la confirmation de l'expérience. Bien que l'association soit libre en Belgique, d'assez nombreuses associations ouvrières sont venues se ranger sous le patronage de la loi et du Gouvernement. Le nombre de ces associations eût été bien plus grand si la loi eût attaché de plus nombreux avantages à la *reconnaissance* légale. Il est à remarquer que, sauf quelques légers frais de premier établissement dans de rares circonstances, toutes les adhésions au système de la loi ont eu lieu en dehors de toute allocation de subsides [1].

[1] Voir les rapports annuels de la Commission permanente pour les Sociétés de secours mutuels.

Quelle que soit son importance par la somme de bienfaits qu'elle répand journellement dans la classe ouvrière, la simple association de secours mutuels ne doit point faire méconnaître le mérite et les services des caisses de prévoyance des ouvriers mineurs. On n'a pas pu ranger ces dernières, en 1851, parmi les associations mutuelles : d'abord, parce qu'elles ne sont pas fondées par ceux (les ouvriers mineurs) qui doivent en retirer les avantages : l'association, pour les *caisses communes*, est contractée entre les patrons, c'est-à-dire les exploitants de mines ou d'usines, bien qu'ils fassent intervenir, dans la gestion de ces caisses, quelques contre-maîtres pour représenter la classe ouvrière. L'association n'a été formée entre les patrons ou les exploitants de mines d'une même subdivision que pour parer aux conséquences de ces accidents, en présence desquels les ressources de chaque établissement isolé sont insuffisantes. La *caisse commune*, sauf quelques allocations extraordinaires, n'accorde donc que des *pensions*. Près de chaque exploitation, on a formé une *caisse particulière de secours*, pour les cas de blessures ou de maladie. Les ouvriers de chaque établissement forment entre eux une association mutuelle qui procure à ses membres des secours temporaires, en cas de maladies, de blessures, d'infirmités ; mais qu'il arrive un accident qui rende un ouvrier incapable de travailler, ou que le décès d'un ouvrier, survenu par accident, laisse une veuve et des enfants en bas âge sans ressources, c'est alors à la caisse commune d'intervenir ; elle accorde : une *pension viagère* à l'ouvrier incapable de travailler ou à la veuve de celui qui a péri, une *pension temporaire* aux enfants en bas âge de l'ouvrier qui a péri.

Les caisses de prévoyance ne sont donc point essentiellement des associations mutuelles ; elles ont un caractère mixte.

Leur action consiste surtout à accorder, selon les cas, des pensions viagères ou temporaires.

Sous ce double rapport, elles ne pouvaient être rangées parmi les Sociétés de secours mutuels, associations dont le principe et le mécanisme sont beaucoup plus simples.

Comme on l'a fait remarquer, il serait téméraire pour les Sociétés de secours mutuels, dans leur organisation présente, de promettre des pensions viagères; le fardeau dépasserait leurs ressources; elles devraient, en effet, des pensions à tous leurs membres devenus âgés ou infirmes, et les cotisations des associés sont loin de former un capital suffisant pour acquitter des pensions. Avec des ressources infiniment supérieures, les caisses de prévoyance en faveur des ouvriers mineurs ne tentent pas même de résoudre ce problème : elles sont essentiellement constituées pour pourvoir aux cas d'*accident*; la veuve de l'ouvrier tué reçoit une pension : mais, à moins d'augmenter dans de fortes proportions les subventions des exploitants et les cotisations des ouvriers, il serait impossible d'assurer indistinctement une pension viagère à toutes les femmes, lors du décès de leurs maris.

Il en est de même, à plusieurs égards, des ouvriers mineurs devenus âgés ou infirmes. En cas d'accident, s'il résulte pour l'ouvrier une incapacité de travail, il reçoit une pension viagère. Les secours accordés par les caisses communes sont divisés en *ordinaires* et *extraordinaires* : les premiers sont accordés, à titre obligatoire, en cas d'accident; les seconds ne revêtent pas ce même caractère obligatoire. Primitivement, dans toutes les caisses, les pensions accordées aux ouvriers devenus invalides après plusieurs années de participation à la caisse, étaient inscrites parmi les secours extraordinaires, c'est-à-dire pour lesquels les titulaires ne pouvaient faire valoir un droit absolu. Si récemment, dans leurs statuts modifiés, plusieurs caisses ont admis le principe obligatoire pour les secours à la vieillesse, elles ont entouré ce principe de restrictions dans l'application : à Mons, la pension viagère n'est accordée qu'aux « ouvriers septuagénaires devenus, par » leur âge, incapables de travailler et ayant été attachés, » pendant les dix dernières années au moins, à un établisse- » ment affilié à la caisse de prévoyance; » à Charleroy, la limite inférieure d'âge a été fixée à soixante ans, mais on exige que l'ouvrier ait été attaché, au moins pendant quinze années, aux établissements associés.

Les recettes et les dépenses des Sociétés de secours mutuels se balancent annuellement par quelques milliers, quelquefois par quelques centaines de francs. Comme elles ne fournissent pas de pensions à leurs membres âgés (bien que plusieurs d'entre elles aient pris soin d'affilier leurs membres à la Caisse générale de retraite), elles se bornent à constituer une réserve pour les temps calamiteux, pour les cas imprévus, et afin d'être à même plus tard d'élargir le cercle de leurs distributions. La plupart ont même de la peine à constituer une réserve. Il est, au contraire, de l'essence des caisses communes de prévoyance de former une réserve importante, puisqu'essentiellement leur objet est de concéder des pensions. Elles ont par là même un caractère de durée et de permanence, qui forme leur titre principal à l'appui de la loi. Les recettes des six caisses communes de prévoyance des ouvriers mineurs se sont élevées, en 1860, à 1,002,067 francs, leurs dépenses à fr. 751,742 95 c.; leur avoir, au 1er janvier 1861, atteignait l'énorme somme de fr. 3,619,728 53 c. Pendant cette même année, les caisses de secours particulières, dépendant des établissements associés, avaient perçu des cotisations s'élevant à fr. 1,011,646 94 c., et distribué en secours fr. 885,975 91 c. Cela forme un total général de fr. 2,013,713 94 c. de recettes, et de fr. 1,637,718 86 c. de secours. Et cependant après plus de vingt années d'existence, ces caisses n'ont pas encore obtenu de l'État quelques mesures légales indispensables afin de garantir leur avenir.

Ajoutons que, tandis que le budget accorde à ces caisses une subvention annuelle importante (environ 45,000 francs par an), le Gouvernement, s'il se fait adresser des comptes, n'a jamais exercé jusqu'ici de contrôle direct sur les opérations de ces associations, dont il s'est borné à approuver les statuts (¹).

(¹) Seul, l'auteur de ce Mémoire s'est attaché, pendant plusieurs années, en faisant un examen des comptes de ces caisses, à signaler des irrégularités,

Depuis un grand nombre d'années, les commissions administratives des caisses réclament du Gouvernement quelques mesures qui facilitent leur action, qui en même temps assurent la permanence des caisses. Aujourd'hui, par exemple, après tant d'années qu'elles réclament cette faveur, elles ne peuvent encore *ester en justice*. Si l'un des établissements associés se refusait à payer sa cotisation, les caisses n'auraient aucun moyen de contrainte. En plus d'une circonstance, les commissions administratives ont dû recourir à l'intervention de tiers, dans l'intérêt de l'institution ou de personnes appelées à en recueillir les bienfaits ; les gouverneurs des provinces, présidents de droit des commissions administratives des caisses, ont parfois consenti à prêter leurs noms. Et chose bizarre ! tandis que les caisses étaient ainsi privées de moyens d'action, il s'est présenté plus d'un cas où des ouvriers, ou des veuves d'ouvriers, mécontents des décisions de la commission, en ont appelé aux tribunaux ; et les tribunaux, après avoir déclaré leur compétence, ont discuté des questions de fait et de droit et porté des décisions qui, en paralysant l'action des commissions administratives, les ont entraînées parfois à d'énormes dépenses [1]. Les Sociétés de

à critiquer des mesures qui parfois trouvaient leur justification dans des modifications apportées aux statuts malgré ses conseils. Mais, en règle générale, il rend hommage aux dispositions éclairées, au dévouement des commissions administratives qui, dans plus d'une circonstance, ont bien voulu officieusement recourir à ses avis. L'expérience a, d'ailleurs, justifié la justesse des représentations que l'auteur de cet écrit s'est permises plus d'une fois.

[1] La jurisprudence, en France et en Belgique, a résolu dans un sens affirmatif la question de compétence des tribunaux civils pour connaître des contestations qui s'élèvent, par suite de l'application des statuts, entre une Société de prévoyance et les personnes qui se croient lésées par ses décisions. Il ne servirait à rien d'insérer dans les statuts que le conseil d'administration ou l'assemblée générale décide souverainement sur des questions telles que l'admission aux secours, l'exclusion d'un membre, etc. C'est une maxime d'ordre public que toute personne qui se croit lésée peut en appeler à des juges.

Toutefois le recours aux tribunaux donnant lieu à des frais, à des lenteurs, à des embarras, nous pensons qu'il est à plusieurs égards préférable de déférer la connaissance de ces contestations à une *juridiction arbitrale*, comme les conseils de prud'hommes. L'assemblée générale de la caisse du Couchant secours mutuels *reconnues*, outre qu'elles peuvent ester en justice, jouissent des avantages de la procédure gratuite. Elles peuvent recevoir des dons et des legs d'objets mobiliers. Il suffirait de quelques articles de loi pour faire accorder les mêmes prérogatives aux caisses de prévoyance des ouvriers mineurs. Et depuis plus de dix ans que la question est à l'étude, elle n'aboutit pas !

C'est qu'il est peut-être trop dans les habitudes du pays (ce n'est point la manière anglaise) de procéder par principes généraux. A chaque instance que nous faisions en faveur des caisses, on nous répétait : Mais vous n'y songez donc pas ! vous allez soulever la question des *personnes civiles*, et l'on nous renvoyait à la discussion de la loi sur les *établissements charitables*. Le naufrage de 1857, en faisant sombrer ce dernier projet de loi, a entraîné en même temps le projet présenté en 1854 sur les caisses de prévoyance des ouvriers mineurs. On réclamait cependant bien peu d'avantages en faveur de ces institutions.

Actuellement que le succès de la loi du 3 avril 1851, sur les Sociétés de secours mutuels, a, par une pratique de plus de dix années, démontré l'excellence des principes de cette loi, toutes les commissions administratives, s'appuyant sur le vœu des assemblées générales des exploitants de mines, se bornent à réclamer à l'unanimité la concession d'avantages analogues à ceux que la loi de 1851 assure aux Sociétés de secours mutuels *reconnues*. Nous nous associons pleinement à ce vœu : les mesures légales que l'on réclame sont d'une portée si restreinte, les avantages qui en résulteraient pour les caisses seraient d'un tel prix, qu'en présence de l'expérience acquise relativement aux associations de secours mu-

de Mons est entrée la première dans cette voie. (Art. 26 de ses statuts revisés de 1860.)

La question de compétence, avec divers projets de création d'une juridiction arbitrale spéciale, a été débattue dans le *Bulletin des Sociétés de secours mutuels*, qui se publie à Paris. VIe année (1859), pp. 96, 151 et 257 ; VIIIe année (1861), pp. 228 et 253.

tuels, il n'y a aucun danger, il n'y a qu'utilité à persévérer dans cette voie. L'objet que se proposent les caisses de prévoyance est nettement défini; les prérogatives qu'on leur accorderait seraient soigneusement limitées. Outre la participation du gouverneur-président et de l'ingenieur en chef des mines à l'administration des caisses, le Gouvernement, qui déjà se fait adresser annuellement des comptes, pourrait multiplier les moyens de contrôle, droit qu'il puise naturellement dans l'allocation annuelle de subsides. On assurerait ainsi l'avenir de ces institutions, on en régulariserait au besoin l'action. Non que nous pensions qu'il soit nécessaire de changer quelque chose dans la marche de ces établissements, qui personnellement nous inspire toute confiance; mais nous parlons ici de principes, de garanties légales, de la rigueur du droit, afin de ne pas nous voir opposer sans cesse l'objection des inconvénients de la main-morte; car l'État a des droits que nous serions le dernier à méconnaître.

Nous avons laissé s'écouler cinq années depuis la publication de notre dernier écrit sur les comptes des caisses de prevoyance en faveur des ouvriers mineurs. Un double motif nous portait à différer la continuation de cet examen entrepris spontanément dans l'intérêt des caisses : d'abord, les principes étant bien fixés et la jurisprudence des commissions administratives établie sur les points les plus importants, un examen annuel nous semblait superflu. Ensuite, il nous paraissait utile de laisser se continuer l'expérience sur les Sociétés de secours mutuels, afin qu'il fût plus facile de revenir au projet délibéré par le Conseil des mines en 1852 et présenté à la Législature par M. E. Van Hoorebeke en 1854. L'émoi occasionné par les discussions de mai 1857 est apaisé: aucun parti ne peut trouver de motif d'appréhension dans la modeste investiture que nous réclamons pour les caisses de prévoyance des ouvriers mineurs. Nous espérons que, dans la présente session, la Législature trouvera le temps de sanctionner le projet de 1854; quant au Gouvernement, il n'attend sans doute que le moment opportun de remettre sur le tapis un projet qu'un précédent ministère libéral avait soumis aux Chambres.

Le résumé que nous allons présenter des opérations des caisses de prévoyance des ouvriers mineurs, pendant les cinq années qui se sont écoulées (1856 à 1860), les réflexions dont nous accompagnerons parfois ce résumé, achèveront de démontrer l'importance des caisses, l'étendue de leurs opérations, le caractère précis qu'il faut leur assigner. Or, c'est ce caractère précis qu'il est nécessaire de déterminer dans le projet de loi à présenter; la première source de sécurité sera une définition exacte des institutions en faveur desquelles la loi sera faite. Elle ne sera point votée exclusivement pour des associations existantes: la loi doit essentiellement fixer des principes et laisser au Gouvernement le soin de les appliquer. La loi votée, l'on procédera naturellement ainsi que le Gouvernement le fait à l'égard des associations mutuelles; il en examinera les statuts (au point de vue de la loi nouvelle), prescrira les conditions de garanties prévues par la loi. Chaque année, le Gouvernement devra porter son attention sur les comptes des caisses et les résumer dans un compte général, afin de faire connaître les opérations de ces établissements, et de les mettre à même de profiter de toutes les améliorations. C'est par ces moyens seulement que l'on pourra obtenir l'assurance que les commissions administratives se maintiendront dans les limites de leurs statuts et qu'une certaine uniformité s'établira entre les opérations des différentes caisses.

Si, pour faciliter le contrôle gouvernemental et veiller aux intérêts généraux des caisses, l'établissement d'un Conseil supérieur de surveillance et d'encouragement semble nécessaire, c'est parmi les membres des commissions administratives de ces institutions que le Gouvernement devra, en partie, porter son choix.

Passons maintenant successivement en revue : d'abord,

l'ensemble des opérations des caisses réunies; ensuite, le sommaire des opérations de chacune d'entre elles. Nous renverrons aux *Annexes* pour le tableau qui résume les comptes de l'année 1860. Pour l'historique des caisses, pour leurs opérations antérieures, nous nous bornons à renvoyer le lecteur aux nombreuses notices qu'à différentes reprises les *Annales des travaux publics* ont consacrées à ces utiles institutions.

CHAPITRE II.

OPÉRATIONS DES CAISSES RÉUNIES.

Les comptes rendus des commissions administratives des caisses de prévoyance nous fournissent annuellement, en se bornant aux exploitations associées, des détails intéressants sur le nombre des ouvriers mineurs employés, sur le nombre des journées de travail, sur le montant des salaires. Ces renseignements sont contrôlés par la présence d'un ingénieur des mines dans le sein de ces commissions. On peut, d'ailleurs, les comparer avec les documents plus détaillés publiés, chaque année, par le Département des travaux publics, sur l'exploitation des mines et usines (1).

Ces renseignements, toutefois, ne sont publiés que pour cinq des six caisses communes de prévoyance; la caisse de la province de Luxembourg a dû être réorganisée; malgré l'envoi du bulletin qui lui a été envoyé comme aux autres caisses, jamais la commission administrative de la caisse du Luxembourg n'a publié des renseignements statistiques complets sur ce qui concerne cette institution.

Notre dernier compte rendu s'arrêtant à l'année 1855, l'examen que nous allons faire comprendra tous les détails

(1) *Documents statistiques, publiés par le Ministre de l'intérieur, avec le concours de la Commission centrale de statistique.* — Les autres Départements envoient à ce recueil les documents qui les concernent.

relatifs aux caisses, pendant les années 1856 à 1860. Cette période quinquennale a été signalée, comme les précédentes, par un développement croissant et par une prospérité soutenue des caisses de prévoyance.

Les tableaux suivants, qui ne s'appliquent, ainsi que nous l'avons dit, qu'aux *exploitations associées*, contiennent les renseignements sommaires les plus importants sur le nombre des exploitations, sur celui des ouvriers, sur le nombre des journées de travail, et sur le montant des salaires qui sert de base à la fixation des retenues.

I. RENSEIGNEMENTS PAR ANNÉE

	1856	1857.	1858.	1859.	1860.
Nombre d'exploitations.	333	338	343	(1) 334	(1) 325
— d'ouvriers . . .	75,720	76,304	76.813	(2) 79.638	(2) 80.783
— de journées de travail . . .	22,033,531	22,617,415	22,535,035	23,471,803	23,450.317
Montant total des salaires . . . . fr.	52,730,694	51,805,816	53,670,018	56,594,617	56,813,450
Salaire moyen de l'ouvrier. par an .	696 39	678 94	699 10	710 65	708 51
Salaire moyen de l'ouvrier. par journée. . .	2 39	2 29	2 38	2 41	2 42

(1) Ces nombres comprennent, pour les années 1859 et 1860, les neuf exploitations associées de la caisse de prévoyance du Luxembourg.

(2) Y compris, pour les deux mêmes années, les ouvriers affiliés à la caisse de prévoyance du Luxembourg

II TABLEAU RELATIF AUX DIFFÉRENTES CAISSES POUR L'ANNÉE 1860.

DÉSIGNATION des ASSOCIATIONS.	NOMBRE			MONTANT total des SALAIRES.	SALAIRE MOYEN	
	d'exploitations.	d'ouvriers.	de journées de travail.		PAR AN.	PAR JOURNÉE
				FR. C.	FR. C.	FR C
Caisse de Mons. . .	31	22.337	6,908.245	17,480.162 »	781 77	2 55
— de Charleroy.	61	25,816	7,539.948	19,582,146 84	758 35	2 60
— du Centre .	9	7,464	2,259.200	5,705,953 »	764 »	2 55
— de Liege .	92	20,186	5,554,524	11,633,899 84	622 50	2 07
— de Namur. . .	123	4,384	1,208,400	2,411,288 »	398 »	2 »
— du Luxemb.	9	596	»	»	»	»
Totaux . .	320	80,783	23,450,317	56,813,449 68	708 51	2 42

Si nous comparons les nombres d'ouvriers mineurs indiqués dans ces tableaux aux nombres qui sont portés dans les renseignements statistiques publiés par le Département des travaux publics, sur l'exploitation des mines, minières et usines minéralurgiques du royaume, on pourra s'assurer qu'ils restent en un rapport constant :

ANNÉES	NOMBRE TOTAL		PROPORTION p. %.
	des ouvriers mineurs.	des ouvriers affiliés.	
1856	84,222	75,720	89 91
1857	82,235	76,304	92 79
1858	85,553	76,813	89 78
1859	89,113	79.638	89 37
1860	89,953	80,783	89 80

Le dernier compte rendu de l'administration centrale fournit le relevé suivant, dressé par province, du nombre total des ouvriers employés, en 1860, à l'exploitation des mines, minières et ardoisières dans le royaume :

PROVINCES	MINES de HOUILLE.	MINES MÉTALLIQUES	MINIÈRES de FER	ARDOISIÈRES.	TOTAL GÉNÉRAL.
Hainaut	59.542	180	811	»	60.533
Liége	17.088	3.922	860	»	21.870
Namur.	1,602	1,562	3,569	»	6,733
Luxembourg . .	»	43	194	560	797
Totaux . . .	78,232	5,707	5,434	560	89,933

En rapprochant ces documents, il est facile de trouver, pour chaque province, la proportion existante, en 1860, entre le nombre total des ouvriers mineurs et celui des ouvriers affiliés aux différentes caisses :

PROVINCES.	NOMBRE TOTAL		PROPORTION p %.
	des ouvriers mineurs	des ouvriers affiliés	
Hainaut	60.533	55.617	91 88
Liége	21.870	20.186	92 30
Namur	6.733	4.384	65 11
Luxembourg	797	596	74 78
Le royaume . .	89,933	80,783	89 80

Sur 90,000 ouvriers employés en Belgique, en 1860, à l'exploitation des mines et minières, on peut donc compter qu'environ les neuf dixièmes sont affiliés aux caisses de prévoyance. Le nombre total de leurs journées de travail a été, pendant cette année, de 23,450,317 : en moyenne, 290 journées de travail par ouvrier; leur salaire, en moyenne, a été de fr. 2 42 c. par jour de travail (non compris les dimanches et fêtes et quelques jours de chômage). Hâtons-nous de dire que ce salaire est calculé sur le nombre total d'ouvriers, y compris les femmes et les enfants. Si, pour un travail aussi pénible, ce salaire est modique, on verra tantôt à quelles retenues il est soumis afin de pourvoir à l'alimentation de la caisse commune et des caisses particulières de secours.

On connaît, d'après ce qui a été dit au chapitre précédent, la constitution des caisses communes et celle des caisses particulières de secours. Durant les cinq années qui se sont écoulées, de 1856 à fin de 1860, les recettes se sont élevées à un montant considérable, et les dépenses elles-mêmes ont été en croissant. En voici le tableau synoptique :

ANNÉES.	CAISSES COMMUNES.		CAISSES PARTICULIÈRES.	
	Recettes.	Dépenses	Recettes	Dépenses.
	FR. C.	FR. C.	FR. C.	FR. C.
1856	903,480 08	552.440 07	964.989 20	813.774 27
1857	886,534 37	586.272 36	920,934 38	802.772 59
1858	934.289 87	633,345 60	960,429 24	831,621 39
1859	995,095 36	698,445 99	985,766 22	856,103 97
1860	1,002,067 »	731,742 95	1,011,646 94	885,975 91

On trouvera ci-après aux *Annexes* (n° 1) le tableau détaillé des opérations des différentes caisses pour l'année 1860. Arrêtons-nous un moment aux résultats généraux que ce ta-

bleau nous présente. Voici la récapitulation, pour chacune des caisses communes, du montant de ses recettes et de ses dépenses, avec l'indication du montant de son avoir au 1er janvier 1861 :

DÉSIGNATION des ASSOCIATIONS.	TOTAL GÉNÉRAL DES RECETTES.	TOTAL GÉNÉRAL DES DÉPENSES.	AVOIR AU 1er JANVIER 1861.
	FR C.	FR. C.	FR. C
Caisse de Mons.	312.542 46	289,672 27	820,421 25
— de Charleroy. . . .	357,774 13	232.248 89	1,393,275 58
— du Centre	101,426 02	73.562 50	282,083 38
— de Liége	168.765 94	127,672 40	893,968 88
— de Namur	58,674 54	26.779 67	213,921 79
— du Luxembourg . .	2,883 91	1.807 22	16,057 65
Totaux . . .	1,002,067 »	751,742 93	3,619,728 53

Au point où elles en sont arrivées, les caisses communes de prévoyance ont, réunies, des recettes qui dépassent *un million* par année ; en 1860, elles ont répandu une somme de fr. 751.742 93 c. en secours ; mais il en faut défalquer une somme de 25,538 francs, consacrée à l'instruction des enfants d'ouvriers, et une autre somme de fr. 23.590 05 c., pour frais d'administration, honoraires des médecins, etc. Il reste une somme nette de 700,000 francs répartie en pensions et secours ; toutefois cette somme ne comprend pas les secours distribués par les caisses particulières. Au 1er janvier 1861, l'avoir total des caisses, placé en majeure partie dans les effets publics, était de fr. 3,619,728 53 c.

En rapprochant le nombre des exploitations associées, celui des ouvriers affiliés aux caisses, du total des sommes versées par les exploitants d'une part, par les ouvriers d'autre part, durant l'année 1860, nous trouvons les résultats suivants pour chacune des caisses. Ce tableau comprend tant les versements faits aux caisses particulières que les cotisations versées aux caisses communes :

DÉSIGNATION des ASSOCIATIONS.	NOMBRE TOTAL		TOTAL DES COTISATIONS	
	des exploitations	des ouvriers.	des exploitants.	des ouvriers
			FR. C.	FR. C.
Caisse de Mons . .	31	22,337	175,756 31	370,322 »
— de Charleroy.	61	23,816	146 866 11	503.211 69
— du Centre . .	9	7.464	57.192 80	57.192 79
— de Liége.. . .	92	20.186	82,578 94	346,573 08
— de Namur . .	123	4.384	24,112 89	51,722 56
— du Luxemb. .	9	596	1,890 32	1,890 32
Totaux.	325	80,783	488,397 57	1.330,912 44

Les subventions de l'État, accordées en 1860 aux caisses de prévoyance des ouvriers mineurs, se sont élevées à 43,974 francs ; mais la caisse de Liége n'ayant touché en 1860 que la subvention de 1859, les comptes (*Annexe* n° I) n'indiquent qu'un total de 42,824 francs.

Les recettes diverses, provenant principalement des intérêts de l'encaisse, se sont élevées, pendant l'année 1860, à fr. 151,580 13 c.

Si l'on fait la part de chacune de ces branches de recettes, on trouve les résultats suivants pour l'année 1860 :

	MONTANT. Fr. c.	TANTIÈMES p. c.
Cotisations des ouvriers . .	1,330,912 44	66 09
Id. des patrons . . .	488,397 57	24 25
Recettes diverses.	151,580 13	7 53
Subventions de l'État . . .	42,824 »	2 13
Totaux . .	2,013,713 94	100 »

Comme résultat final, dans l'association des caisses de prévoyance, l'ouvrier verse les *deux tiers* des recettes : les patrons fournissent environ le *quart* ; quant à l'État, et nous insistons sur ce point, il ne verse, à titre de subvention, que *deux pour cent* des recettes totales. Mais ces 2 p. °/₀ fonctionnent comme la goutte d'huile qui facilite le jeu des rouages; et si cette subvention, comme nous en sommes intimement convaincu, produit cet effet utile, jamais dépense publique n'aura été votée avec plus d'opportunité.

A nos yeux, le petit tableau qui précède est la pierre de touche, qui permet d'apprécier la valeur de l'organisation des caisses.

L'ouvrier mineur, en moyenne, avons-nous dit plus haut, a joui, en 1860, d'un salaire de fr. 708 51 c. Durant cette année, il a versé en moyenne 5 francs aux caisses communes, et fr. 11 48 c. aux caisses particulières de secours; total fr. 16 48 c. Cette somme s'élève à $2\frac{1}{3}$ p. °/₀ de son revenu total. Quelle autre profession donne l'exemple d'une prévoyance aussi étendue?

Les dépenses des caisses réunies consistant principalement en pensions, secours aux malades et infirmes, honoraires de médecins, frais de médicaments, d'objets de pansement, frais d'instruction pour les enfants, etc., se sont élevés en 1860 :

Caisses communes, à	fr.	751,742 95
— particulières.		885,975 91
Total. . . .	fr.	1,637,718 86

C'est donc, en total, à une somme de fr. 1,637,718 86 c. que se sont élevés, en 1860, les bienfaits répandus par les caisses de prévoyance.

Nous verrons plus tard comment se répartissent exactement les secours distribués par les différentes caisses.

Terminons cette revue sommaire et préliminaire des opérations des caisses de prévoyance par un coup d'œil rétrospectif. La plupart des comptes rendus des caisses reproduisent, chaque année, la récapitulation des recettes et des dépenses des *caisses communes* depuis leur fondation. Nous avons suppléé, autant qu'il nous a été possible, avec l'absence de comptes réguliers de la caisse du Luxembourg, aux chiffres exacts qui nous manquaient pour cette caisse. Pour la caisse de Liége aussi, le montant de l'avoir au 1er janvier 1861 étant exact. il manque quelque chose aux deux termes qui précèdent. Il nous a été impossible de comprendre dans ce calcul les recettes et les dépenses des caisses particulières. Avec les éléments qui suivent et qui s'appliquent exlusivement aux *caisses communes*, on peut se faire une idée du mouvement de fonds. de l'importance des distributions de secours, si nous avions tout pu comprendre dans notre cadre (1).

DÉSIGNATION des ASSOCIATIONS.	TOTAL GÉNÉRAL des recettes.	TOTAL GÉNÉRAL des dépenses	AVOIR au 1er JANVIER 1861.
	FR. C.	FR. C.	FR. C.
Caisse de Mons	3.836.494 08	3.016.072 83	820.421 25
— de Charleroy . . .	3,263,136 84	1,869,861 26	1.393,275 58
— du Centre	996.377 14	714,293 76	282.083 38
— de Liége	2,183.361 85	1,289.393 67	893.968 88
— de Namur	486,091 29	272.169 50	213,921 79
— du Luxembourg .	40.960 76	25,044 18	16,057 65
Totaux . . .	10,806,421 96	7,187.035 20	3,619.728 53

Les résultats qui précèdent prouvent, nous semble-t-il, suffisamment l'importance des caisses de prévoyance. Mais, pour les faire apprécier, pour les connaître complétement, il nous faut maintenant passer à l'examen des opérations relatives à chacune d'elles.

(1) Voici les dates des arrêtés royaux qui ont approuvé les statuts primitifs des caisses, lors de leur institution :

Caisse de Mons,	arrêté royal du	30 décembre 1840.
— de Charleroy,	»	31 — —
— du Centre,	»	30 septembre 1841.
— de Liége,	»	24 juin 1839
— de Namur,	»	1er décembre 1839.
— du Luxembourg,	»	27 janvier 1844.

CHAPITRE III.

DÉTAILS RELATIFS AUX DIFFÉRENTES CAISSES.

§ 1er. — *Caisse de Mons.*

Les comptes rendus de la commission administrative de la caisse du Couchant de Mons renferment annuellement beaucoup de détails qui font connaître la situation de la caisse. l'étendue des bienfaits qu'elle répand, la position des ouvriers mineurs, notamment le total de leurs journées de travail, le montant de leurs salaires, le nombre des accidents qui les atteignent. Nous en extrairons les renseignements sommaires nécessaires pour faire apprécier les résultats des cinq années écoulées de 1856 à 1860.

Voici d'abord les renseignements statistiques concernant le nombre des ouvriers mineurs, leurs journées de travail et leurs salaires :

ANNÉES.	NOMBRE		MONTANT	SALAIRE MOYEN	
	d'ouvriers.	de journées.	DES SALAIRES	par an.	par journée.
			FRANCS.	FR. C.	FR. C.
1856	21,443	6,586,375	16,783,760	782 85	2 55
1857	20,942	6,426,202	14,722,502	703 01	2 29
1858	21,869	6,767,162	16,255,217	741 60	2 40
1859	23,049	7,121,556	17,942,855	778 68	2 52
1860	22,337	6,908,245	17,480,162	781 77	2 53

Les recettes de la caisse commune et des caisses particulières de secours ont naturellement suivi la marche croissante ou décroissante des salaires ; les dépenses seules ont été toujours en augmentant :

ANNÉES.	CAISSE COMMUNE.		CAISSES PARTICULIÈRES.	
	Recettes.	Dépenses.	Recettes.	Dépenses.
	FR. C.	FR. C.	FR. C.	FR. C.
1856	303,240 77	233.594 68	263.794 79	214.376 64
1857	270.260 27	239.239 56	250.845 38	223.046 14
1858	294.730 01	254,343 11	272,920 82	234.944 39
1859	320,987 17	277,637 06	283,381 97	239,067 85
1860	312.542 46	289,672 27	283,875 88	238.007 10

Bien qu'à la date du 31 décembre 1860, la caisse ait accompli sa 20e année, le tableau suivant montrera, conformément à nos prévisions, que la caisse n'est point encore parvenue au moment où le nombre des personnes à secourir et le montant des secours à distribuer cesseront de s'accroître :

ANNÉES.	NOMBRE des PERSONNES SECOURUES.	MONTANT des PENSIONS ET SECOURS.
		FR. C.
1856	1,450	211.808 63
1857	1.525	216,791 43
1858	1.630	232,231 25
1859	1.744	254,297 61
1860	1.814	264.475 87

Voici, pour l'année 1860, comment ces pensions et secours ont été répartis :

PERSONNES SECOURUES.	NOMBRE des personnes secourues.	MONTANT des pensions et secours.
Pensions viagères.		FR. C.
Ouvriers mutilés et incapables de travailler . .	24	4.720 41
Veuves d'ouvriers qui ont péri par accident . .	449	93,645 30
Vieux parents d'ouvriers qui ont péri par accid.	47	8,638 89
Ouvriers âgés de plus de 70 ans.	49	5.096 95
Pensions temporaires.		
Orphelins de père et mère, enfants de veuves et d'ouvriers infirmes; jeunes frères et sœurs .	586	21,087 78
Secours extraordinaires.		
Ouvriers blessés grièvement	606	126,257 64
Autres personnes secourues	53	3.028 90
Totaux	1.814	264,475 87

D'après ce dernier tableau, l'on remarquera que l'article de dépenses le plus considérable est celui qui concerne « les » ouvriers blessés grièvement, mais non incapables de tra- » vailler. » Nous n'avons jamais cessé de nous élever contre ce chef de dépenses qui, d'après nous, était contraire à l'esprit des statuts. C'est en vue essentiellement de pourvoir à l'entretien et au traitement des blessés, que l'on a créé des caisses de secours près de chaque établissement. En dehors des accidents qui entraînent la mort d'une ou de plusieurs personnes, les caisses communes n'ont pour mission que de donner des pensions aux « ouvriers mutilés et inca- » pables de travailler. » Les exploitants associés du Couchant de Mons ont enfin reconnu la justesse de ce principe ; et dans l'assemblée générale du 2 juillet 1860, ils ont décidé que dorénavant les secours à délivrer aux ouvriers blessés postérieurement au 4 décembre 1859 seraient mis à la charge des caisses particulières de secours jusqu'à guérison ou jusqu'à ce que l'ouvrier ait été reconnu définitivement incapable de travailler. Cette mesure a nécessité une révision générale de la liste des ouvriers blessés grièvement : 462 ont été reconnus incurables et admis à la pension. Il ne résultera pas d'abord une forte économie de l'adoption de cette disposition, la caisse commune restant chargée indistinctement de l'entretien de tous les autres blessés antérieurs au 4 décembre 1859.

C'est dans cette même assemblée générale du 2 juillet 1860 qu'a été adoptée la nouvelle rédaction des statuts qui doivent régir l'association pendant sa troisième période décennale. Un arrêté royal du 4 décembre 1860 a approuvé les modifications à ces statuts. Les secours aux « ouvriers blessés grièvement » ne figurent plus au nombre des secours extraordinaires à accorder par la caisse commune. Une mesure que la commission administrative eût désiré voir adopter simultanément est l'augmentation du taux des retenues et des cotisations des exploitants, que les intérêts de la caisse commandent impérieusement de porter à *deux pour cent.* Le taux actuel est de 1 $\frac{1}{2}$ p. °/₀, dont moitié est prélevée sur le salaire des ouvriers et moitié versée par les exploitants. Le projet était de porter uniformément ces deux sources de revenu à 1 p. °/₀ des salaires. L'opposition de quelques membres de l'assemblée, qui déclaraient n'avoir pas les pouvoirs nécessaires pour consentir à cette augmentation, a fait ajourner cette mesure. Mais nous engageons la commission administrative à ne pas perdre de vue cette augmentation que nous croyons indispensable.

Parmi les ressources dont jouit la caisse de Mons, figure une subvention annuelle de 5,000 francs, accordée par la Société Générale pour favoriser l'industrie nationale, pour servir spécialement à l'instruction des enfants d'ouvriers. Chaque année l'assemblée générale vote, en outre, une somme pour la même destination. Indépendamment de celles qu'un grand nombre d'établissements consacrent en particulier au même but, il nous paraît intéressant de constater le montant des sommes affectées annuellement à cet usage par la caisse commune :

ANNÉES.	MONTANT DES ALLOCATIONS.
	Francs.
1856	16,350
1857	16,000
1858	15,820
1859	17,680
1860	17,500

Par suite de ce bienfait, 7,703 élèves ont fréquenté gratuitement, en 1860, les écoles subventionnées. La dépense, pour chacun de ces élèves, a été de fr. 2 27 c. par an ou 19 centimes par mois. De plus, on y compte 2,005 élèves admis moyennant une légère rétribution ; de sorte que ces écoles ont procuré l'instruction à 9,708 élèves.

Cette dépense, parfaitement justifiée par le bien qui en résulte pour la classe ouvrière et par le montant des contributions que les exploitants de mines versent à la caisse, a été néanmoins attaquée par quelques personnes. La commission a répondu à ces critiques dans le compte rendu des opérations de la caisse en 1857. « Lorsque, vers la fin de 1840, » porte le compte rendu adressé à l'assemblée générale, « vous » avez, Messieurs, fondé une caisse de prévoyance pour vos » ouvriers, votre intention n'était pas seulement d'améliorer » leur condition matérielle ; d'assurer des pensions aux » veuves et aux orphelins de ceux qui périssent dans les » mines, comme à ceux que leurs blessures et leur âge » mettent dans l'impossibilité de travailler encore : mais vous » vous préoccupiez aussi de l'amélioration de leur condition » morale ; des moyens de développer leur intelligence par » l'instruction ; de leur inspirer, de bonne heure, des senti- » ments religieux, des idées d'ordre, des habitudes d'écono- » mie ; vous vouliez enfin que tous leurs enfants pussent » jouir des bienfaits de cette éducation populaire, que le lé- » gislateur a, plus tard, si simplement et clairement définie, » en votant l'art. 6 de la loi du 23 septembre 1842.

« ... Une difficulté surgit d'abord entre les administrations » communales et un grand nombre de vos ouvriers. Quand » ceux-ci réclamèrent pour leurs enfants le bénéfice de » l'art. 5, il leur fut répondu avec raison, pensons-nous, » qu'un habitant qui reçoit communément une journée de » 3 à 5 francs, et qui peut travailler au moins dix à onze » mois par an, ne doit pas être considéré comme un indigent » et n'a pas le droit d'obtenir, aux frais de la commune, » l'instruction gratuite de ses enfants.

» Or ici, Messieurs, où de jeunes ouvriers des deux sexes » peuvent déjà, dès l'âge de huit à neuf ans, gagner 50, 60 » et 70 centimes par jour, en ramassant les pierres qui se » confondent avec la houille dans l'opération de l'abattage, » il fallait, pour que vos intentions ne fussent pas éludées, » ôter tout motif d'excuse aux pères de famille qui, par des » considérations mal entendues, auraient refusé d'envoyer » ces jeunes ouvriers aux écoles. C'est ainsi que nous avons » été conduits, non pas à ériger nous-mêmes des institutions » spéciales d'instruction primaire, mais à aider, par des sub- » sides, les communes, le clergé et les particuliers, à fonder » de semblables institutions où les ouvriers affiliés à la caisse » de prévoyance pussent toujours, quelle que fût d'ailleurs » la hauteur de leurs salaires, faire entrer sans rétribution » tous leurs enfants. »

L'assemblée générale a sagement continué à voter, chaque année, une allocation extraordinaire pour l'instruction des enfants d'ouvriers.

En même temps, la commission administrative ne perd pas de vue la commisération que l'on doit aux ouvriers âgés devenus infirmes; mais les charges qui vont en s'accroissant obligent la commission à beaucoup de prudence et d'économie; il ne lui a pas été possible jusqu'ici de descendre la limite d'admission au-dessous de l'âge de 70 ans. Voici pour les cinq dernières années, le tableau des secours accordés aux ouvriers vieux et infirmes :

ANNÉES.	NOMBRE des PENSIONS.	MONTANT des SECOURS
		FR. C.
1856	32	2,180 »
1857	32	3,346 90
1858	45	3,872 50
1859	45	4,858 84
1860	49	5,096 95

La caisse du Couchant de Mons a reçu, en 1860, 13,000 fr. pour sa part dans la subvention votée annuellement par la Législature, et 2,511 francs dans la subvention que vote annuellement le conseil provincial du Hainaut.

L'avoir de la caisse commune (*Annexe* n° I) s'élevait, au 1er janvier 1861, à fr. 820,421 25 cent. Le montant des charges, pour l'année courante, était évalué à fr. 132,261 03 c. Comme la majeure partie de ces charges consiste en pensions, nous verrons ci-dessous que, malgré l'élévation apparente de l'actif, cette situation n'est pas complétement bonne.

Nous avons indiqué ci-dessus quel a été, pendant les cinq dernières années, le mouvement des caisses particulières de secours.

En 1860, le total des recettes de ces caisses a été de fr. 283,875 88 c., provenant d'une double source :

Retenues opérées sur les salaires.	fr.	239,220 79
Cotisations des exploitants.		44,655 09
Total. . . .	fr.	283,875 88

Les dépenses se sont réparties ainsi qu'il suit :

Montant des secours en argent.	fr.	137,491 39
» » médicaments.		8,455 02
» » charbons, objets divers.		23,228 43
Honoraires des médecins.		71,761 77
Subv. pour l'instruction des enfants d'ouvriers.		17,070 49
Total.	fr.	258,007 10

En résumé. les ouvriers ont contribué chacun, en moyenne. pour fr. 10 71 c. à l'alimentation de ces caisses. Les ressources ayant été insuffisantes dans plusieurs d'entre elles. les exploitants ont suppléé jusqu'à concurrence de fr. 6 52 c. par ouvrier.

Le total des blessés secourus par les caisses particulières a été de 8.523. Outre les soins des hommes de l'art, chaque blessé a reçu, en moyenne, des secours de diverse nature s'élevant à fr. 17 03 c.

On a dépensé fr. 6,666 98 c., pour frais à l'hôpital érigé par l'établissement du *Grand-Hornu.*

Le total des sommes prélevées. en 1860, sur la caisse commune et sur les caisses particulières de secours. pour l'instruction des enfants d'ouvriers, a été de 34,570 49 c.

En réunissant les cotisations des exploitants à la caisse commune et aux caisses particulières de secours, les 31 établissements associés ont contribué, en 1860. pour une somme totale de fr. 175.756 31 c.; ce qui fait, en moyenne. 5,670 francs par établissement. De leur côté. les ouvriers ont subi des retenues s'élevant, en total, à 370,322 francs, formant une contribution moyenne de fr. 16 58 c. par ouvrier.

En 1859, la commission administrative, cherchant à s'éclairer sur la situation financière de la caisse, a recouru aux lumières de M. Henri Maus, ingénieur en chef directeur des ponts et chaussées dans la province de Hainaut, auteur d'un travail remarquable sur la situation de la Caisse des veuves et orphelins du Département des travaux publics. Personnellement, dans nos comptes rendus précédents, nous n'avions jamais cessé d'insister sur la nécessité de mettre les caisses en état d'assurer, au moyen d'un capital permanent, le service des pensions. Voici en quels termes M. Maus a posé et résolu le problème (1) :

« Pour établir un bilan, il faut comparer l'actif avec le » passif : et, selon que le premier est supérieur ou inférieur » au second, on en conclut que la situation est prospère ou » mauvaise...

» L'actif nous est fourni par les comptes rendus ; il con- » siste dans les valeurs et l'encaisse possédés à la fin de » chaque exercice.

» Il est de règle de comprendre dans le passif, non-seule- » ment les dettes exigibles au moment du bilan, mais encore » tous les paiements à faire, quelle que soit l'époque, plus » ou moins reculée, de leurs échéances, en ayant toutefois » soin de les escompter, c'est-à-dire de réduire leur mon- » tant en raison du taux d'intérêt et du temps à courir, de- » puis l'époque du bilan jusqu'à celle de l'échéance.

» Le passif de la caisse ne comprend donc pas seulement » les annuités échues dans l'année, mais toutes les annuités » à payer jusqu'à l'extinction des pensions inscrites à l'épo- » que du bilan.

» Il faut, par conséquent :

» 1° Déterminer le nombre d'annuités ;

» 2° Escompter ces annuités, c'est-à-dire calculer la va- » leur du capital qui, avec ses intérêts composés depuis la » date du bilan jusqu'à celle des payements, suffira à les » acquitter.

» Le nombre des annuités d'une pension est subordonné à » l'âge du titulaire ; il est évident, en effet, qu'une personne

(1) *Rapport de la Caisse de prévoyance établie à Mons, en faveur des ouvriers mineurs* Année 1859. Pages 18 et suiv.

» de 60 ans jouira, d'après l'ordre naturel, moins longtemps » qu'une personne de 30 ans, de la pension qui serait accor- » dée le même jour à chacune d'elles.

» Après avoir admis l'âge comme base d'évaluation du nom- » bre d'annuités, il reste à préciser ce nombre.

» Pour obtenir l'expression de la vie moyenne, on se sert » d'une table de mortalité. »

Appliquant cette méthode aux pensions viagères et temporaires, aux secours extraordinaires accordés par la caisse de prévoyance du Couchant de Mons jusqu'à la date du 1er janvier 1860; prenant pour base de ces calculs la table générale de mortalité insérée dans l'*Annuaire de l'Observatoire de Bruxelles* de 1843, et l'intérêt de 4 p. °/。 que rapportaient alors les capitaux confiés à la Société Générale pour favoriser l'industrie nationale, M. Maus évalue ainsi le montant du capital que représentent les charges de la caisse :

Pensions viagères	fr.	1.299,309 30
» temporaires.		76,726 61
Secours extraordinaires.		672,963 30
Total.	fr.	2,048,999 61

Pour satisfaire jusqu'à extinction aux charges résultant du passé, la caisse eût dû, par conséquent, posséder un capital

de.	fr.	2,048,999 61
Il n'était, à cette époque, que de.		797.551 06
Déficit réel.	fr.	1,251,448 55

« Une situation semblable, » dit la commission (page 20 du Rapport de 1859), « serait de nature à faire concevoir » les plus sérieuses inquiétudes sur l'avenir de notre insti- » tution, si les profonds sentiments d'humanité dont sont » animés ceux qui l'ont fondée et soutenue jusqu'ici n'étaient » un sûr garant qu'ils ne la laisseront pas périr. »

Dans le courant de l'année dernière, la commission administrative a converti, en obligations de l'emprunt belge à 4 ½ p. %, une partie de son encaisse. Elle a acheté une inscription de rente, au capital nominal de 750,000 francs, au cours de 96 ½. C'est une mesure qui était réclamée depuis longtemps.

Les calculs de M. Maus portant sur un taux d'intérêt de 4 p. %, au lieu de 4 ½ p. % ; les secours extraordinaires aux ouvriers blessés grièvement ayant été supprimés ; d'autre part, les pensions des ouvriers incapables de travailler ayant été augmentées, ces calculs auraient besoin d'être revisés ; mais rien ne peut faire éviter à l'assemblée générale la fâcheuse alternative ou de réduire considérablement les secours, ou de porter à 2 p. % les cotisations qui alimentent la caisse : la commission administrative a fait connaître son opinion unanime sur le parti à prendre ; les secours ne peuvent être réduits, c'est la cotisation qu'il faut augmenter.

§ 2. — *Caisse de Charleroy.*

Les renseignements statistiques, que nous fournissent les comptes rendus de la commission administrative de la caisse de Charleroy, nous permettent d'établir ainsi qu'il suit le nombre des ouvriers mineurs, celui des journées de travail et le montant des salaires pour chacune des années 1856 à 1860 :

ANNÉES.	NOMBRE		MONTANT DES SALAIRES.	SALAIRE MOYEN	
	d'ouvriers.	de journées.		par an.	par journée
			FRANCS.	FR. C.	FR C
1856	24,271	6,996,018	17,784,886	732 12	2 54
1857	24,076	6,900.920	17,758,670	738 57	2 57
1858	24,102	7,086,598	18,401,896	763 43	2 60
1859	25,485	7,479,259	19.329.383	757 23	2 58
1860	25,816	7,539,948	19,582,147	758 33	2 60

Les recettes et les dépenses de la caisse commune et des caisses particulières de secours n'ont cessé de progresser pendant ces cinq années ; en voici le tableau résumé :

ANNÉES.	CAISSE COMMUNE.		CAISSES PARTICULIÈRES	
	Recettes.	Dépenses.	Recettes.	Dépenses.
	FR. C.	FR. C.	FR. C.	FR. C.
1856	309,974 84	139.185 73	313,373 56	270.640 83
1857	319,970 50	170,147 11	310,400 88	257,119 10
1858	333,366 49	194,653 01	321,774 33	280,732 57
1859	353,935 06	214,650 33	343,405 04	289,280 97
1860	357,774 13	232,248 89	336,343 37	301,192 78

Nous faisons suivre ce tableau de ceux qui indiquent le nombre des personnes secourues et le montant des pensions et secours distribués pendant les cinq années qui nous occupent :

ANNÉES.	NOMBRE des PERSONNES SECOURUES.	MONTANT des PENSIONS ET SECOURS.
		FR. C.
1856	1,320	150,633 32
1857	1,382	163,264 24
1858	1,526	184,603 52
1859	1,663	202,928 13
1860	1,753	216,289 »

Voici comment ces pensions et secours ont été répartis en 1860 :

PERSONNES SECOURUES	NOMBRE des personnes secourues.	MONTANT des pensions et secours.
Pensions viagères.		FR. C.
Ouvriers mutilés ou incapables de travailler . .	75	17,688 60
Veuves d'ouvriers qui ont péri par accident. .	239	51,158 08
Parents d'ouvriers qui ont péri par accident	40	5,274 60
Ouvriers vieux et infirmes.	142	20,629 99
Veuves d'ouvriers mutilés ou incurables. . . .	4	573 »
Veuves d'ouvriers vieux et infirmes	27	3.930 37
Pensions temporaires.		
Enfants de veuves	405	18,406 53
Orphelins de père et de mère.	19	2,082 28
Frères et sœurs.	3	230 »
Enfants d'ouvriers mutilés ou incurables . . .	62	2.714 38
Enfants d'ouvriers vieux et infirmes.	11 .	535 76
Secours extraordinaires		
Ouvriers grièvement blessés.	330	53,471 30
Parents d'ouvriers qui ont péri par accident .	206	17,448 90
Ouvriers vieux ou infirmes	106	9,563 51
Veuves d'ouvriers *non tues*	75	10.159 50
Autres parents d'ouvriers *non tues*.	11	600 20
Totaux . . .	1,735	216,289 »

On remarquera dans les tableaux qui précèdent : d'abord, la progression rapide et continue des dépenses de la caisse commune, dont les charges qui, en 1856, n'étaient encore que de fr. 139,185 73 c., se sont élevées, en 1860, à fr. 232,248 89 c. L'article le plus élevé des dépenses a été la somme payée aux « ouvriers blessés grièvement » (fr. 53.471 30 c., en 1860). Dans la révision de ses statuts la caisse de Charleroy n'a pas suivi l'exemple si bien donné par la caisse de Mons ; elle a maintenu parmi les « secours extraordinaires » ceux que la commission accorde (art. 23, n° 1) : « aux ouvriers blessés qui ne sont pas guéris, après « avoir été secourus, pendant *deux mois*, sur les fonds des « caisses particulières de secours. » La caisse de Mons, au moins, exigeait au préalable que cette catégorie de blessés eût été secourue pendant six mois par les caisses particulières. Il est à regretter que, dans la révision des statuts, l'on ne tâche pas de mettre quelque harmonie, pour les points fondamentaux, entre les différentes caisses.

La caisse de Charleroy accorde, sous deux rubriques distinctes, des secours aux « ouvriers vieux et infirmes. » Elle accorde aux uns des *pensions viagères*, aux autres des *secours extraordinaires*. Voici le relevé de ces secours pour les cinq dernières années :

ANNÉES.	PENSIONS VIAGÈRES		SECOURS EXTRAORDINAIRES.	
	Nombre des pensions.	Montant.	Nombre des secours	Montant.
		FR. C.		FR. C.
1856	53	7.605 03	71	6.591 62
1857	80	11.168 71	74	6 642 50
1858	100	14.801 81	88	8.174 10
1859	116	17.478 35	108	10.278 50
1860	142	20.629 99	106	9.565 51

Les conditions d'admission à la pension, pour les vieux ouvriers devenus incapables de travailler, sont moins sévères à Charleroy qu'à Mons. D'après l'art. 25, n° 4, des statuts de la caisse de Charleroy, il suffit que l'ouvrier ait atteint l'âge de soixante ans (à Mons, 70 ans). Les dépenses pour les « ouvriers vieux et infirmes » se sont élevées à Charleroy, en 1860, à fr. 30.195 50 c., tandis qu'à Mons on n'a dépensé de ce chef que fr. 5.096 95 c. Voilà deux articles de dépenses où nous trouvons que la caisse de Charleroy se laisse entraîner peut-être un peu loin, quelque sympathie que nous ayons pour l'ouvrier devenu infirme après une longue carrière de travail. La question d'économie, d'équilibre entre les dépenses et les ressources, doit toujours être présente aux yeux de l'administrateur.

Bien que les statuts n'en parlent pas, cette distinction de « pensions » et de « secours extraordinaires » est appliquée aux veuves et aux parents des ouvriers décédés. On doit se rappeler que l'esprit des statuts est de venir, en cas d'*accident*, au secours des victimes. Mais c'est, à notre avis, s'écarter de l'*esprit* des statuts, que d'accorder, sur les fonds de la caisse commune, des secours « aux veuves et aux pa» rents d'ouvriers *non tués*, » c'est-à-dire décédés à la suite de maladies, en dehors de tout cas d'accident. Pour justifier cette extension, qui n'est admise ni à Mons, ni à Liége, ni à Namur, il faudrait qu'il fût bien prouvé que les ressources de l'institution le permettent. A Mons, il s'agit d'une augmentation des cotisations ; à Charleroy, le taux de 1 1/2 p. °/o des salaires a été maintenu lors de la dernière révision des statuts.

En 1860, la caisse de Charleroy a payé une somme de fr. 10.759 70 c., en secours aux « veuves et autres parents » d'ouvriers *non tués.* »

La caisse commune y accorde aussi annuellement des fonds pour l'encouragement de l'instruction primaire des enfants d'ouvriers. Elle a accordé de ce chef :

En 1856.	fr.	2,000 »
» 1857.		450 »
» 1858.		3.721 »
» 1859.		4.821 »
» 1860.		8.058 »

Plusieurs des établissements associés, les principaux, ajoutent des subventions à ces allocations de la caisse commune : les sommes qu'ils ont ajoutées en 1860 se sont élevées à fr. 8.608 qui, réunies à la somme votée par la caisse commune, font un total de 16.666 francs. 2,381 enfants d'ouvriers, grâce à ces subventions, ont pu profiter de l'instruction gratuite; la dépense a été, en moyenne, de *cinquante-huit centimes* par élève et par mois. Admirons ce que peut la bienfaisance quand elle est bien exercée.

La caisse de Charleroy a reçu, en 1860, une somme de 13.000 francs pour sa part dans la subvention accordée par l'État aux caisses de prévoyance, et une autre somme de 2.703 francs pour sa part dans l'allocation de 6.000 francs votée annuellement par le conseil provincial du Hainaut.

Au 1er janvier 1861, son actif s'élevait à fr. 1,393.273 38 c.; on évaluait les charges annuelles à fr. 122,021 80 c.

Nous avons vu ci-dessus quel était le mouvement des recettes et des dépenses des caisses particulières de secours ressortissant à la caisse de Charleroy, pendant les cinq dernières années.

En 1860, le montant des recettes de ces caisses a été de fr. 336,343 37 c., mais nous regrettons que le compte rendu n'indique pas quelle est, dans ce total, la somme versée par les exploitants. Annuellement cependant ils suppléent au déficit constaté dans les caisses particulières de secours, et nous ne voyons qu'avantage a constater le bien qu'ils font à leur famille industrielle.

Les dépenses se sont réparties ainsi qu'il suit :

Montant des secours en argent.	fr.	185,302 31
» » médicaments		28.554 94
» » comestibles, etc.		2.290 21
Honoraires des médecins.		85.045 32
Total.	fr.	301,192 78

Indépendamment de la part que les établissements ont prise dans la distribution de ces secours, on a vu plus haut qu'ils ont accordé, en 1860, une somme de 8,608 francs pour favoriser l'instruction des enfants de leurs ouvriers.

En ajoutant cette somme aux cotisations qu'ils ont versées. dans le courant de la même année, à la caisse commune, on obtient un total de fr. 153.474 11 c., ou fr. 2.548 75 c. par établissement. Sauf à déduire la part fournie par les exploitants aux caisses particulières, les ouvriers ont versé tant à la caisse commune qu'aux caisses particulieres. en 1860, une somme de fr. 503,211 69 c.; ce qui, pour 25,816 ouvriers, fait par tête une somme de fr. 19 49 c.. ou 2.57 p. °/ₒ de leur salaire de l'année.

Comme la caisse de Mons, celle de Charleroy a converti les capitaux qui formaient son avoir en fonds publics de l'État. Elle possède actuellement une inscription de rente 4 1/2 p. °/ₒ, au capital nominal de 1,130,500 francs. ayant coûté fr. 1,085,961 87 c., et acquise ainsi au prix moyen de 96.06.

La rente annuelle qu'elle en retire est de fr. 42.592 50 c.

Les statuts revisés de la caisse de Charleroy. adoptés dans l'assemblée générale des exploitants du 8 décembre 1860. pour une troisième période de dix années. ont été approuvés par arrêté royal du 26 février 1861.

Le compte rendu de 1859 constatait qu'aucune Société n'était en retard de se libérer envers la caisse de prévoyance.

On voit avec quelle régularité fonctionnent toutes les parties du service de cette caisse, ainsi que les autres institutions du même genre.

La caisse de Charleroy est dans une situation prospère : son encaisse est relativement le plus élevé (fr. 1,393.275 58 c., au 1er janvier 1861) : mais nous désirons qu'à l'exemple de la caisse de Mons elle se rende bien compte de l'énormité des charges qui pèsent déjà sur elle. et qu'elle apporte une sevère économie dans ses dépenses afin de maintenir son excellente position.

§ 3. — *Caisse du Centre.*

La prospérité croissante du bassin dit du *Centre* nous fait prévoir la progression continue du nombre des ouvriers mineurs, de leurs journées de travail et du montant de leurs salaires, pendant la période quinquennale dont nous nous occupons. Voici d'abord le relevé de ces éléments :

ANNÉES.	NOMBRE		MONTANT DES SALAIRES.	SALAIRE MOYEN	
	d'ouvriers.	de journées.		par an.	par journée.
			FRANCS	FR. C.	FR C.
1856	6.677	2,003,100	5,016,056	751 »	2 53
1857	6.840	2,052,000	5,036,341	736 »	2 45
1858	7.130	2,139,000	5.409.690	759 »	2 50
1859	7.355	2,206.500	5.597.555	759 »	2 53
1860	7.464	2,239,200	5,705,953	764 »	2 55

La même progression se remarque dans les recettes et les dépenses de la caisse commune et des caisses particulières de secours :

ANNÉES.	CAISSE COMMUNE.		CAISSES PARTICULIÈRES.	
	Recettes.	Dépenses.	Recettes	Dépenses
	FR. C.	FR. C.	FR. C.	FR. C
1856	85 214 73	53.166 13	25.080 27	27,732 25
1857	86,666 74	58,448 »	25,181 65	27.656 37
1858	93,635 29	61,307 »	27,048 69	26.893 99
1859	99.175 15	69,380 »	27,940 56	25,240 16
1860	101,426 02	73,562 50	28,596 30	24.528 49

La caisse du Centre a, relativement aux autres caisses, moins de victimes à secourir. Elle a spontanément élargi le cercle des secours à distribuer. Le relevé suivant indique le nombre des personnes secourues et le montant des distributions faites à la charge de la caisse commune, pendant les cinq dernières années :

ANNÉES.	NOMBRE des PERSONNES SECOURUES.	MONTANT des PENSIONS ET SECOURS.
		FR. C.
1856	379	52.656 65
1857	429	57.846 50
1858	462	61.002 »
1859	507	68.789 »
1860	551	72.964 »

Pendant l'année 1860, ces pensions et secours se sont répartis ainsi qu'il suit :

PERSONNES SECOURUES.	NOMBRE des personnes secourues.	MONTANT des pensions et secours.
Pensions viagères.		FR. C.
Ouvriers mutilés et incapables de travailler. . . .	114	18,100 »
Veuves d'ouvriers qui ont péri par accident . .	96	16,340 »
Vieux parents d'ouvriers. . . . id.	35	2,850 »
Vieux ouvriers infirmes	193	27,274 »
Veuves de vieux ouvriers.	106	6.360 »
Pensions temporaires.		
Orphelins	7	420
Secours extraordinaires.		
Gratifications à des veuves remariées	»	1,620
Totaux	551	72,964 »

On remarquera que, dans cette caisse comme dans celle de Liége, et à l'avenir dans celle de Mons, ne figurent point des secours aux « ouvriers blessés grièvement. » D'autre part, la position aisée où se trouve la caisse du Centre lui permet de répandre ses largesses parmi des veuves d'ouvriers qui ne sont point exactement dans la catégorie prévue par les statuts : « veuves d'ouvriers qui ont péri par accident. » Il serait plus convenable de ranger ces dépenses parmi les secours extraordinaires, qui n'ont point de caractère obligatoire. Les gratifications à des veuves remariées sont données comme adoucissement à la perte de leur pension qu'entraîne le nouveau mariage qu'elles contractent.

La caisse du Centre accorde des pensions viagères aux vieux ouvriers infirmes. Le dernier § de l'art. 21 des statuts exige que l'ouvrier ait travaillé au moins pendant trente années dans les exploitations associées. Voici le relevé de ces pensions pour les cinq dernières années :

ANNÉES.	NOMBRE des PENSIONS.	MONTANT des SECOURS.
		FR. C.
1856	154	20,742 »
1857	166	21,199 »
1858	171	21,951 »
1859	185	23,359 »
1860	193	27,274 »

En 1860, la caisse du Centre a reçu, sur le budget de l'État, une subvention de 4,900 francs, et une somme de 784 francs sur le fonds voté annuellement par le conseil provincial du Hainaut.

L'avoir de la caisse commune s'élevait, au 1er janvier 1860, à fr. 282, 083 38 c. Les charges de l'année courante étaient évaluées à 73,464 francs.

Les recettes des caisses particulières de secours se sont élevées, en 1860, à fr. 28,596 30 c., dont moitié provient des cotisations des exploitants et moitié des retenues sur les salaires des ouvriers.

Le montant des secours distribués en argent a été de fr. 24, 528 49 c.

Depuis plusieurs années, il y a un déficit dans la plupart des caisses particulières de secours des établissements qui ressortissent à la caisse du Centre. Au 31 décembre 1860, ce déficit était, en total, de fr. 28,456 47 c. Nous pensons qu'il conviendrait de ne pas le rendre permanent et d'aviser aux moyens de le combler.

En réunissant les sommes versées par les patrons dans la caisse commune et dans les caisses particulières de secours, on trouve un total de fr. 57,192 84 c., ou, en moyenne, fr. 6,334 46 c. par établissement. Les ouvriers ont contribué pour même somme, ce qui fait fr. 7 65 c. en moyenne par ouvrier.

A l'expiration de la deuxième période décennale, les exploitants du bassin du Centre ont renouvelé leur association pour une nouvelle période de dix années.

§ 4. — *Caisse de Liége.*

Les renseignements statistiques concernant le travail dans les mines et les salaires des ouvriers mineurs ne nous montrent pas, dans la province de Liége, la même progression que nous avons constatée dans le Hainaut. Voici le résumé de ces renseignements pour les cinq dernières années :

ANNÉES.	NOMBRE		MONTANT	SALAIRE MOYEN	
	d'ouvriers.	de journées. (1)	DES SALAIRES.	par an.	par journée.
			FRANCS.	FR. C.	FR. C.
1856	20,380	5,582,683	11,663,178	627 »	2 09
1857	21.087	6,230,593	12,332.803	603 »	2 01
1858	20,030	5,443,675	11,661,396	642 60	2 14
1859	20,486	5,683,588	11,805,863	624 »	2 08
1860	20,186	5,554,524	11,633,900	622 50	2 07 ½

(1) Le nombre des journées et le montant des salaires ne sont indiqués que par approximation.

Le relevé suivant indique le mouvement de la caisse commune et des caisses particulières de secours qui y ressortissent, pendant les cinq mêmes années :

ANNÉES.	CAISSE COMMUNE.		CAISSES PARTICULIÈRES.	
	Recettes.	Dépenses.	Recettes.	Dépenses.
	FR. C.	FR C.	FR. C.	FR. C.
1856	161,713 81	85.377 55	328,175 10	277.077 11
1857	166.856 72	97.409 89	309.035 39	270.689 26
1858	164.987 94	102,801 21	316.701 88	270,995 94
1859	171,215 86	113.457 67	299,501 72	277,109 »
1860	168.765 94	127.672 40	313,135 78	271,670 51

Si l'on compare les recettes et les dépenses de la caisse commune au mouvement des fonds dans les caisses particulières de secours, on remarquera facilement, ce que nous avons toujours tâché de faire ressortir, c'est qu'à Liége on a compris que les secours donnés par les caisses particulières étaient les plus importants : chaque établissement, au moyen de sa caisse de secours, vient en aide à ses blessés et à ses malades; on ne recourt à la caisse commune de prévoyance que dans les cas rigoureusement prévus par les statuts.

En présence de l'accroissement des charges de la caisse commune, il suffit de jeter un simple coup d'œil sur le montant des recettes et des dépenses, en 1860, pour en conclure que les ressources de cette caisse sont évidemment insuffisantes. Nous reviendrons plus tard là-dessus.

Examinons comment le nombre des personnes secourues et le montant des secours se sont accrus pendant les cinq dernières années.

ANNÉES.	NOMBRE des PERSONNES SECOURUES.	MONTANT des PENSIONS ET SECOURS.
		FR C.
1856	995	82 694 80
1857	1.075	94.668 36
1858	1.124	98 .166 32
1859	1,212	109.901 27
1860	1,261	124,024 25

En 1860, les pensions et secours se sont répartis ainsi qu'il suit :

PERSONNES SECOURUES.	NOMBRE des personnes secourues.	MONTANT des pensions et secours.
Pensions viagères.		FR. C.
Ouvriers mutilés et incapables de travailler .	95	12,378 46
Veuves d'ouvriers qui ont péri par accident. .	324	41,474 17
Vieux parents id. id. id. . .	68	6,913 63
Pensions temporaires.		
Orphelins de père et de mère	15	1,206 40
Enfants de veuves	365	14.843 07
Secours extraordinaires.		
Vieux ouvriers infirmes.	394	47.208 52
Totaux.	1,261	124,024 25

C'est le cas d'*accident* qui détermine rigoureusement, dans la caisse commune de la province de Liége, la concession de pensions viagères ou temporaires. Les secours aux vieillards devenus infirmes sont rangés parmi les *secours extraordinaires*. Voici le relevé des secours distribués aux ouvriers vieux et infirmes pendant les cinq dernières années :

ANNÉES.	NOMBRE des SECOURS.	MONTANT des SECOURS. FR. C.
1856	219	22.222 »
1857	251	23.732 61
1858	286	29.306 42
1859	327	37.610 63
1860	394	47.208 52

La caisse de la province de Liége est la première qui ait donné des secours aux vieux ouvriers devenus infirmes: mais elle s'est gardée de les inscrire parmi les pensions viagères qui, conférées, donnent un droit aux titulaires. Toutefois, entrée dans cette voie, l'institution ne peut songer à retirer ni même à restreindre beaucoup les bienfaits qu'elle répand parmi cette classe digne d'intérêt et de sollicitude.

Il s'ensuit que, pour satisfaire à ces charges, il est indispensable de songer à augmenter les ressources de la caisse.

La part de la caisse liégeoise dans les subsides votés par la Législature a été, en 1860, de 11.000 francs ; elle a reçu, en outre, une subvention de 3,000 francs du conseil provincial.

Au 1er janvier 1861, l'actif de la caisse commune s'élevait à fr. 893,968 88 c. On évaluait les charges de l'année courante à fr. 139,268 64 c.

Le total des recettes des caisses particulières de secours se composait ainsi qu'il suit :

Montant des retenues sur les salaires. . .	fr.	247,010 96
Sommes versées par les exploitants.		24,569 82
Versements sans distinction d'origine. . . .		41,555 »
Total.	fr.	313,135 78

Les dépenses se détaillaient comme il suit :

Montant des secours en argent.	fr.	167,244 28
» » en médicaments.		37,577 97
» » en charbon, pain, etc. . .		5,404 62
Honoraires des médecins.		38,853 64
Secours dont le détail n'est pas donné. . . .		22,590 »
Total.	fr.	271,670 51

En réunissant (mais seulement par approximation) les sommes versées par les exploitants des mines, en 1860, on trouvera un total de fr. 82.578 94 c. ; ce qui fait, en moyenne, fr. 897 60 c. par établissement ; toutefois cette somme est au-dessous de la réalité. Les ouvriers ont contribué pour une somme totale de fr. 346.573 08 c., qui dépasse de quelque peu la réalité. Cela fait, à peu de chose près, en moyenne, par tête, fr. 17 17 c., ou environ 2.75 p. °/₀ du salaire de l'année.

Les exploitants associés à la caisse de prévoyance de la province de Liége ont revisé les statuts de cette caisse en 1858. Un arrêté royal du 11 août de cette année a approuvé les modifications introduites dans ces statuts. En faisant réimprimer ses statuts, la commission a eu soin de faire mettre en *italiques* les modifications adoptées. Nous regrettons de ne pouvoir donner notre adhésion à la plupart de ces modifications.

Déjà, dans notre compte rendu des opérations des caisses de prévoyance pendant l'année 1850 (1), nous avions vivement

(1) *Annales des travaux publics*, tome X, pp. 384 et suivantes.

critiqué les modifications que, dès cette époque, l'on se proposait d'apporter à l'art. 4 des statuts. On n'en a pas tenu compte. Il est à remarquer que, contrairement à ce qui s'est fait dans les autres provinces, la caisse de Liége n'a pas augmenté le taux des cotisations, fixé primitivement à 1 p. °/₀ des salaires, dont moitié provient des retenues sur les salaires, et moitié des sommes consenties par les exploitants. Dans les trois caisses du Hainaut, les cotisations sont de 1 1/2 p. °/₀ du montant des salaires; et l'on a vu qu'il s'agit de les porter à 2 p. °/₀ dans la caisse du Couchant de Mons. Depuis plusieurs années, le taux de ces cotisations est de 2 p. °/₀ dans la caisse de la province de Namur : et ce n'est que tout récemment que l'on y a apporté une réduction en cas d'élévation de la réserve au-dessus d'une certaine somme. Partout moitié de ces contributions est supportée par les ouvriers, et moitié par les exploitants. A Liége, depuis 1839, le taux des cotisations n'a pas varié : il est resté fixé à 1 p. °/₀ du montant des salaires.

La disposition additionnelle votée à l'art. 4 des statuts, en 1858, porte textuellement : « Toutefois, si les besoins du » service l'exigeaient, l'assemblée générale pourra augmenter » cette somme jusqu'à concurrence de deux pour cent » annuellement du même salaire. »

Nous supposons qu'en cas d'augmentation, l'on conserverait le même rapport de moitié pour les retenues sur les salaires et les cotisations des exploitants.

Voici ce que nous disions à ce sujet dans notre compte rendu des opérations des caisses en 1850 : « Les modifica- » tions apportées à l'article primitif tendent à laisser à la » commission administrative (actuellement l'assemblée géné- » rale) le soin de fixer, *selon les circonstances*, le taux des » retenues; à défaut d'initiative de sa part, lorsque les » besoins *l'exigeraient*, et *seulement alors*, le Gouvernement » pourrait porter les retenues à un taux qui n'excéderait pas » 2 p. c. » (L'intervention du Gouvernement a été supprimée dans la disposition additionnelle votée définitivement.)

« L'adoption d'une semblable disposition serait la NÉGATION » DE TOUT SYSTÈME DE PRÉVOYANCE ; en maintenant à un taux » peu élevé les versements à opérer, on attendrait, pour y » apporter un remède, que le mal fût devenu profond, incu» rable. On épargnerait le présent pour grever l'avenir ; il » suffirait de quelques mauvaises mesures pour mener l'asso» ciation à sa ruine.

» Ce n'est pas pour de semblables résultats, cependant » *inévitables*, que le Gouvernement accorde chaque année (à » la caisse de Liége) 12,000 francs, et le conseil provincial » 3.000 francs. » Nous insistions ensuite sur le caractère des pensions viagères qui grèvent la caisse pendant un nombre d'années qu'il faut s'attacher à rechercher. Nous ajoutions : « C'est la théorie la plus fausse et la plus dangereuse, pour » une caisse de pensions, de supposer que l'on peut laisser » aux exercices à venir le soin de payer la dette des exercices » antérieurs ; comme si chaque année n'avait pas à remplir » ses propres engagements, et si le déficit d'une année, en » se reproduisant plusieurs fois, ne pouvait entraîner une » banqueroute. Ces conséquences ne sont évidemment pas » dans la pensée des honorables associés de la caisse de pré» voyance de Liége ; mais alors qu'ils ne se départent pas » des mesures de prudence qui ont fait déterminer un taux » pour les versements, de commun accord entre le Gouver» nement et les exploitants de mines associés ! La meilleure » manière de prévenir les résultats dangereux dont la pensée » m'effraie, est de fermer la voie à tout arbitraire, à toute » faiblesse ou à toute condescendance, qui pourraient se » manifester dans les résolutions des commissions adminis» tratives. » (Ajoutons, s'il le faut, « des assemblées gé» nérales. »)

Nous terminions ainsi plus loin nos observations : « C'est » pour ne pas détruire ce que plus de douze années d'efforts » ont pu réaliser, que nous nous sommes élevé contre le sys-

» tème qui consisterait à laisser la commission administrative » fixer le taux des versements. La caisse de prévoyance de » Liége est actuellement la plus florissante des six caisses de » prévoyance en faveur des ouvriers mineurs. Elle doit veiller » à conserver ce rang. »

La caisse de Liége s'est préparé des embarras en n'augmentant pas à temps le taux des retenues et des cotisations. Comparons, en effet, sa situation de 1855 avec celle de 1860, et ses recettes de 1860 avec celles que font les autres caisses.

Voici le tableau résumé des recettes et des dépenses de la caisse de Liége, et du montant de son avoir en 1855 et 1860 :

ANNÉES.	MONTANT TOTAL		AVOIR au 31 DÉCEMBRE.
	des recettes.	des dépenses.	
	FR. C.	FR. C.	FR. C.
1855	136.256 72	88.875 78	387.147 33
1860	168.765 94	127.672 40	893,968 88

Les recettes de 1860 dépassent à peine de 12,500 francs celles de 1855 ; mais les dépenses de la première de ces années excèdent de fr. 38.796 62 c. celles de la seconde. Les charges de cette caisse pour l'année courante sont évaluées à fr. 139,268 64 c.; tandis que, pour satisfaire jusqu'à extinction au paiement des pensions déjà concédées et dont la durée peut être fort longue, un capital considérable serait nécessaire. à peine l'avoir social suffirait-il pour couvrir pendant six années les charges existantes.

En comparant les recettes faites par les différentes caisses en 1860, et en les rapprochant du nombre des ouvriers affiliés à chaque caisse, on trouve que ces recettes se montent par tête :

Caisse de Mons, à	fr.	13 99
— de Charleroy		13 85
— du Centre		13 58
— de Namur		13 38
— de Liége		8 36

La caisse de Charleroy possède un actif qui, au 1er janvier 1861, s'élevait à fr. 1.393.275 58 c.; si l'actif de la caisse de Liége atteignait, à la même date, fr. 893,968 88 c., elle le doit à deux causes : d'abord, à la sage économie que la commission a toujours apportée dans ses dépenses; ensuite, à l'attribution qui lui a été faite, par un arrêté royal du 16 février 1842, d'une inscription de rente sur le grand-livre de la dette publique de France, provenant d'une souscription faite sous l'empire en faveur des victimes de l'accident du *Beaujonc*. Le capital de cette rente est porté, dans les comptes de la caisse, pour fr. 52,784 33 c.

Si la commission administrative de la caisse de Mons reconnait l'urgence de porter à 2 p. °/o le taux des cotisations réunies qui, depuis onze années, est de 1 1/2 p. °/o, il y a, d'après nous, autant d'urgence à augmenter immédiatement le taux de ces cotisations à la caisse de Liége. Nous rappelons qu'à Namur ce taux est resté longtemps fixé à 2 p. °/o. En ce qui concerne les charges de la caisse de Liége, nous nous bornons à renvoyer le lecteur aux citations que nous avons faites ci-dessus (pp. 30 et suiv.) du savant mémoire de M. Henri Maus. Nous avons insisté ailleurs (1) sur la nécessité de dresser, chaque année, un bilan exact de l'actif et du passif des caisses de pensions. « Le salut des caisses, » disions-nous, « dépendra de la précaution que l'on aura prise d'éva-» luer, chaque année, en principal, le montant des charges » qu'elles doivent supporter, en mettant les retenues en

(1) *Bulletin de la Commission centrale de Statistique*, tome VIII — *De la situation et de l'avenir des Caisses des veuves et orphelins instituées par la loi du 21 juillet 1844*. — *Complement*, § 2.

» rapport avec l'étendue de ces charges. » Pour connaître le montant exact des charges, il faut faire usage de tables de mortalité, procéder comme font les compagnies d'assurance sur la vie. Cela exigerait sans doute des calculs fort longs, et différentes causes, comme l'état valétudinaire des invalides, le mariage des veuves pensionnées, peuvent déranger ces calculs. Mais, en se bornant à des approximations, on ne doit pas au moins méconnaître les principes fondamentaux des caisses, et nous n'avons cessé de nous élever contre ces prétentions non justifiées qui consistent à laisser l'avenir acquitter les dettes du passé.

Nous ne nous arrêterons pas aux autres modifications apportées aux statuts de l'association liégeoise, peu importantes d'ailleurs, mais qui sans motifs ont altéré la pureté primitive des statuts, en y introduisant des dispositions qui auraient dû figurer dans un règlement séparé. Ainsi, dans l'article 19, qui concerne les pensions temporaires accordées aux enfants en bas-âge et aux jeunes frères et sœurs de l'ouvrier qui a péri par accident, l'on a intercalé (ce n'était pas la place) toute une réglementation relative à la constatation par procès-verbal des accidents arrivés dans les mines ; on y proclame, en outre, que « aucun recours n'est admis devant » les tribunaux contre les décisions de la commission admi- » nistrative prises en exécution des statuts. » Nous avons vu plus haut (p. 9, en note) que l'insertion de cette clause est sans efficacité.

A notre avis, le Gouvernement, qui accorde, chaque année, une subvention importante à la caisse de Liége, n'aurait pas dû consacrer par son approbation la disposition qui remet à l'assemblée générale d'augmenter les retenues quand elle le jugera convenable. Lorsque, dans toutes les caisses, le taux des cotisations réunies est de 1 1/2 ou de 2 p. %, il n'y a pas de motif plausible pour la caisse de Liége de conserver le taux de 1 p. %. Des sommes importantes auraient accru la réserve si, à l'instar des trois caisses du Hainaut, la caisse de Liége avait, à la même époque, augmenté le taux des cotisations. Il n'est point trop tard sans doute pour recourir à cette mesure; mais nous adjurons la commission liégeoise de ne point perdre de vue les intérêts qui lui sont confiés, de se faire produire des calculs exacts, et de soumettre à l'assemblée générale des dispositions qui, dès à présent, assurent l'avenir de la caisse et épargnent les difficultés graves qui plus tard ne manqueraient pas de se manifester.

§ 5. — *Caisse de Namur.*

L'association de la province de Namur comprend, outre les mines de houille et les mines métalliques concédées, des exploitations libres de minerais de fer, et quelques carrières souterraines et ardoisières.

Le nombre des exploitations associées, qui était de 163 en 1859, s'est trouvé réduit à 123 en 1860, après radiation d'un certain nombre d'exploitations de minerais de fer, qui ont cessé par épuisement des gîtes et sont abandonnées.

Le tableau de 1860 mentionne 123 établissements et 4,384 ouvriers, répartis ainsi qu'il suit :

NATURE DES ÉTABLISSEMENTS.	NOMBRE	
	d'exploitations associées.	d'ouvriers affiliés.
Mines de houille	37	1,590
Mines métalliques	24	1,172
Exploitations libres de minerais de fer	59	1,582
Carrières souterraines et ardoisières	3	40
Totaux	123	4,384

Le dernier compte rendu de la commission porte à 9,491 le nombre total d'ouvriers mineurs et carriers employés, en

1860, dans la province ; il les répartit ainsi qu'il suit entre les exploitations associées et non associées :

	OUVRIERS	
	affiliés.	non affiliés.
Concessions de mines de houille . . .	1,590	12
» métalliques . . .	1,172	390
Exploitations libres de minerais de fer.	1,582	1,987
Carrières et ardoisières	40	2,718
Totaux. . . .	4,384	5,107

En ne nous occupant que des mines associées, qui sont principalement celles où l'exploitation se fait régulièrement, nous avons recueilli, dans les comptes rendus de la commission, les renseignements statistiques suivants, qui s'appliquent aux cinq dernières années :

ANNÉES.	NOMBRE		MONTANT DES SALAIRES.	SALAIRE MOYEN	
	d'ouvriers.	de journées.		par an.	par journée.
			FRANCS.	FR. C.	FR. C.
1856	3,140	942,000	1,602,100	510 »	1 70
1857	3,359	1,007,700	1,735,500	523 »	1 73
1858	3,662	1,098,600	1,971,819	540 »	1 80
1859	3,263	978,900	1,918,981	588 »	1 96
1860	4,384	1,208,400	2,411,288	598 »	2 »

Ce tableau montre, malgré l'infériorité des salaires, un état permanent et croissant de bien-être matériel pour la classe des ouvriers mineurs de la province.

Les recettes et les dépenses de la caisse commune et des caisses particulières de secours se résument ainsi qu'il suit :

ANNÉES.	CAISSE COMMUNE.		CAISSES PARTICULIÈRES.	
	Recettes.	Dépenses	Recettes.	Dépenses
	FR. C.	FR. C	FR. C.	FR. C.
1856	43,335 93	21,115 96	30,264 56	23,947 16
1857	42,780 14	21,027 80	25,470 88	24.261 52
1858	47,570 14	20,041 27	21,983 32	18.054 50
1859	47,461 31	21,589 88	25.360 45	22.972 93
1860	58,674 54	26,779 67	27.609 68	28,979 32

Comme dans les autres caisses, le nombre des personnes secourues et le montant des sommes distribuées par la caisse commune de la province de Namur vont sans cesse en augmentant. En voici le relevé :

ANNÉES.	NOMBRE des PERSONNES SECOURUES	MONTANT des PENSIONS ET SECOURS
		FR C.
1856	160	18,855 61
1857	171	18,666 75
1858	167	17,409 65
1859	170	18,986 10
1860	176	23,272 11

Les secours se sont répartis ainsi qu'il suit, en 1860 :

PERSONNES SECOURUES.	NOMBRE des personnes secourues.	MONTANT des pensions et secours.
Pensions viagères		FR. C
Ouvriers mutilés et incapables de travailler. .	8	1,719 50
Veuves d'ouvriers qui ont péri par accident. .	35	6,482 50
Vieux parents id. id. id	7	807 83
Pensions temporaires.		
Orphelins, enfants de veuves, jeunes frères et sœurs.	41	1,909 60
Secours extraordinaires.		
Proches parents des défunts	18	2,545 95
Ouvriers grièvement blessés.	41	8,184 01
Vieux ouvriers infirmes	19	2,288 20
Autres personnes secourues.	7	134 50
Totaux	176	23,272 11

On remarquera que, comme à Mons et à Charleroy, ce sont les « ouvriers blessés grièvement » qui absorbent la plus forte somme et réduisent d'autant les ressources de la caisse commune. Nous espérons que l'exemple que la caisse de Mons vient de donner, en rayant cet article de dépenses des comptes de la caisse commune, sera suivi : cette dépense retombe naturellement à charge des caisses particulières de secours, qui doivent supporter les frais de traitement et d'entretien des blessés.

Les secours aux ouvriers mineurs « vieux et infirmes » ont peu varié. En voici la récapitulation pour les cinq dernières années :

ANNÉES.	NOMBRE des SECOURS.	MONTANT des SECOURS.
		FR. C.
1856	14	2,449 »
1857	17	2,944 20
1858	19	1,292 40
1859	15	1,868 75
1860	19	2,288 20

La caisse de la province de Namur a reçu, en 1860, une somme de 1,800 francs sur les fonds votés par la Législature, et une subvention de 500 francs de la province.

Au 1er janvier 1861, l'actif de la caisse commune s'élevait net à fr. 213,921 79 c. Les charges de l'année courante étaient évaluées à fr. 23,272 11 c.

Il est à regretter que, dans le relevé des comptes des caisses particulières de secours, l'on n'ait point indiqué le montant des sommes qui y ont été versées par les patrons. Nous n'y trouvons pas non plus un détail des sommes dépensées, comme secours distribués en argent, en médicaments, en objets divers, en honoraires de médecins. Ces renseignements sont fournis par les autres caisses.

D'après les comptes que nous avons sous les yeux, les exploitants de mines ont contribué à la caisse commune, en 1860, pour fr. 24,112 89 c. ; cela fait, en moyenne, fr. 196 04 c. par établissement. En réunissant les sommes versées par les ouvriers dans la caisse commune et dans les caisses particulières de secours, on obtient un total de fr. 51,722 56 c. ; ce qui ferait fr. 11 77 c. par tête, s'il ne fallait pas en déduire une certaine part fournie par les exploitants.

L'association namuroise a revisé ses statuts dans le courant de l'année 1860 ; ces statuts modifiés ont été approuvés par arrêté royal du 4 décembre 1860. L'art. 8 maintient à 2 p. % du montant des salaires les cotisations réunies des exploitants et des ouvriers : il contient, toutefois, le paragraphe suivant : « Lorsque le fonds de réserve aura atteint » le *minimum* de deux cent mille francs, les retenues sur le » salaire des ouvriers et les subventions des exploitants » seront diminuées d'un quart *ou d'une moitié*, d'après les » besoins de la caisse. » Depuis le 1er janvier 1861, la retenue sur les salaires a été réduite d'un quart et les subventions des exploitants d'autant. En même temps, l'assemblée générale a admis en principe l'augmentation de certains secours. L'expérience fera connaître si la limite de deux cent mille francs, pour la réduction du taux des retenues, est bien posée. En réduisant les ressources, il faut se garder surtout de trop augmenter les dépenses.

Quelques associés étant en retard de solder leurs cotisations, la commission administrative exposait, dans son compte rendu de 1859, qu'après avoir tenté les voies de conciliation, elle serait peut-être obligée d'attraire les retardataires en justice. Mais, en présence des difficultés qu'offre la situation actuelle des caisses, elle citait une réponse qu'elle venait de recevoir de M. le Ministre des travaux publics. Ce haut fonctionnaire lui avait donné l'assurance que « le projet » de loi retiré en 1857 serait sous peu reproduit à la Chambre, et que, comme il ne sanctionnait, en faveur des » caisses des mineurs, que les priviléges accordés par la loi » du 3 avril 1851 aux Sociétés de secours mutuels, il y avait » tout lieu de croire qu'il recevrait un accueil favorable de » la Législature. »

Le compte rendu de 1860 revient encore sur cette question. De nouvelles difficultés ayant surgi, la commission s'est adressée derechef à M. le Ministre des travaux publics, qui lui a réitéré l'assurance que le projet de loi présenté à la Chambre des Représentants, et qui a été rayé de son ordre du jour par suite de la dissolution survenue en 1857, ne tarderait pas à être soumis de nouveau à cette assemblée. Le compte rendu rappelle ensuite les vœux formulés antérieurement, par l'association de Namur, en faveur de l'adoption d'une loi qui accorde aux caisses de prévoyance le caractère d'établissements d'utilité publique. C'est en ce sens qu'avait été conçu le projet délibéré par le Conseil des mines, dans ses séances des 16 et 17 décembre 1852.

Espérons que M. le Ministre des travaux publics réalisera ses promesses dans le courant de la session actuelle.

§ 6. — *Caisse du Luxembourg.*

Les comptes rendus de cette caisse ne nous fournissent pas les renseignements statistiques sur le travail et les salaires des ouvriers mineurs ou carriers, qui nous eussent permis de comparer leur condition à celle des ouvriers des autres provinces

Pendant plus de deux années (1856 et 1857), les opérations de cette caisse ont été suspendues. Les observations. les avertissements n'avaient pas été épargnés de notre part (V. notre compte rendu des opérations des caisses pour l'année 1855). Un arrêté royal du 30 décembre 1857 a approuvé des statuts modifiés qui ont rendu la vie à cette institution. Toutefois. l'on n'a pas discontinué de payer, dans l'intervalle, les pensions aux veuves et aux ouvriers mutilés; mais les rentrées ont eu lieu imparfaitement et tardivement. Il y a eu des embarras de reddition de compte; et nous ne pouvons rien extraire de celui qui a été publié pour les années 1856, 1857 et 1858 [1]. Nous ne présenterons donc

[1] Il nous est impossible, au vu de ce compte, de rattacher les opérations de la caisse, pendant ces trois années, au compte de 1855; nous ne pouvons pas même suivre d une année à l'autre, le montant de l'avoir de l'association. Il serait à désirer que la commission se conformât au modèle prescrit, à notre demande, par M. le Ministre des travaux publics (circulaire du 23 novembre 1855). De plus, nous l'engageons à porter dans ses comptes, afin d'établir une balance nette entre les recettes et les dépenses, les fonds publics qui forment sa réserve au cours d'achat, et non au cours flottant du jour.

un résumé des comptes que pour les années 1859 et 1860.

La caisse de la province de Luxembourg ne comprend que neuf établissements associés (deux mines de plomb et de fer, une carrière, six ardoisières) qui occupaient, en 1859, 384 ouvriers, et en 1860, 396 ouvriers.

Relativement à ces deux années, le mouvement de la caisse commune et des caisses particulières de secours (en comprenant, pour ces dernières, des recettes et des dépenses des années 1856 à 1858) a été établi ainsi qu'il suit :

ANNÉES	CAISSE COMMUNE.		CAISSES PARTICULIÈRES.	
	Recettes.	Dépenses	Recettes.	Dépenses.
	FR. C.	FR. C.	FR. C.	FR. C.
1859	3,320 81	1.731 05	4 176 48	2.433 06
1860	2,883 91	1 807 22	2,083 73	1.597 71

Voici l'état des personnes secourues et des distributions de secours pendant ces deux années :

ANNÉES.	NOMBRE des PERSONNES SECOURUES.	MONTANT des SECOURS.
		FR. C.
1859	25	1,427 50
1860	29	1,369 67

Pendant l'année 1860, les secours se sont répartis ainsi qu'il suit :

PERSONNES SECOURUES.	NOMBRE des personnes secourues.	MONTANT des pensions et secours.
Pensions viagères.		FR. C.
Ouvriers mutilés et incapables de travailler. . .	2	400 »
Veuves d'ouvriers qui ont péri par accident . .	7	758 43
Pensions temporaires.		
Enfants de veuves, orphelins	17	316 24
Secours extraordinaires.		
Divers.	3	95 »
Toaux.	29	1.569 67

La caisse du Luxembourg n'a reçu en 1860, sur les fonds votés par la Législature, qu'une subvention de 274 francs.

Au 1er janvier 1861, l'avoir de l'association commune s'élevait à fr. 16,057 65 c. Les charges de l'année courante pouvaient être évaluées. comme celles de l'année précédente, à fr. 1,569 67 c.

Nous ne possédons aucun détail sur les distributions des caisses particulières de secours. D'après les statuts. il doit être versé dans ces caisses une somme au moins égale à 1 p. °/₀ des salaires des ouvriers. Moitié est fournie par les exploitants. et moitié par les ouvriers.

Durant l'année 1860, les établissements ont fourni à la caisse commune et aux caisses particulières de secours une somme de fr. 1,890 32 c.; ce qui fait, en moyenne, 210 francs par établissement; les ouvriers ont contribué pour même somme, ce qui fait une moyenne de fr. 3 17 c. par ouvrier.

Les statuts revisés ont transféré provisoirement le siége de l'institution à Neufchâteau, afin de le rapprocher des ardoisières où se trouvent le plus grand nombre d'établissements et d'ouvriers affiliés. L'art. 7 détermine nettement que tous les secours, autres que les pensions viagères prévues par les statuts, notamment : les honoraires des médecins et chirurgiens, la distribution des médicaments, les objets de pansement, les frais de sépulture, sont à la charge des caisses particulières. Les contributions des exploitants y représentent les frais que le décret impérial du 3 janvier 1813 met à leur charge pour les cas d'accident.

La commission administrative de la caisse fera bien de tenir la main à la stricte observation de cet article.

En donnant plus d'extension aux opérations des caisses particulières de secours, en limitant soigneusement le cercle d'opérations de la caisse commune aux cas de pensions, les exploitants associés de la province de Luxembourg ont agi sagement. Si les exploitations sont éparpillées, si les réunions des membres de la commission de la caisse commune sont plus difficiles, les cas d'intervention de cette caisse seront aussi plus rares. Mais n'est-il pas encore des établissements qui pourraient faire participer leurs ouvriers à la caisse de prévoyance ? C'est une question que nous prenons la liberté de recommander à l'attention et à la vigilance de la commission administrative.

CHAPITRE IV.

CONCLUSION.

Jusqu'ici nous n'avons point rendu compte des accidents si fréquents dans les mines, de leurs conséquences si funestes pour les ouvriers mineurs. C'est qu'heureusement, dans la période quinquennale que nous venons de traverser, il n'y a pas eu de ces graves accidents, de ces catastrophes qui répandent l'épouvante. Cependant le nombre des accidents n'a pas été beaucoup inférieur à celui des années précédentes; ils sont inhérents à la profession d'ouvrier mineur; c'est ce qui rend indispensable le maintien des caisses de prévoyance.

Voici, pour chacune des caisses ([1]), d'après les rapports des commissions administratives, le nombre des ouvriers tués ou blessés grièvement pendant les cinq années écoulées. Nous faisons précéder ces renseignements du nombre total d'ouvriers employés à l'exploitation. Il est à remarquer, de plus, que les nombres indiqués pour les ouvriers blessés sont loin de comprendre toutes les blessures ou les accidents de moyenne gravité, pour lesquels le plus souvent il n'est pas dressé de procès-verbal.

CAISSE DE MONS.

ANNÉES.	NOMBRE total D'OUVRIERS.	NOMBRE DES OUVRIERS	
		TUÉS.	BLESSÉS GRIÈVEMENT.
1856	21,443	38	23
1857	20,942	30	28
1858	21,869	48	46
1859	23,049	51	38
1860	22,337	47	14

CAISSE DE CHARLEROY.

ANNÉES.	NOMBRE total D'OUVRIERS.	NOMBRE DES OUVRIERS	
		TUÉS.	BLESSÉS GRIÈVEMENT.
1856	24,271	78	185
1857	24,076	59	174
1858	24,102	89	190
1859	25,485	65	206
1860	25,816	79	138

([1]) Excepté la caisse de la province de Luxembourg, pour laquelle les renseignements font défaut.

CAISSE DU CENTRE.

ANNÉES	NOMBRE total D'OUVRIERS.	NOMBRE DES OUVRIERS	
		TUÉS.	BLESSÉS GRIÈVEMENT.
1856	6,677	12	9
1857	6,840	10	21
1858	7,130	3	14
1859	7,355	11	15
1860	7,464	13	19

CAISSE DE LIÉGE.

ANNÉES.	NOMBRE total D'OUVRIERS.	NOMBRE DES OUVRIERS	
		TUÉS.	BLESSÉS GRIÈVEMENT
1856	20,380	99 (1)	28
1857	21,087	69	34
1858	20,050	51	15
1859	20,486	58	37
1860	20,186	50	32

CAISSE DE NAMUR.

ANNÉES.	NOMBRE total D'OUVRIERS.	NOMBRE DES OUVRIERS	
		TUÉS.	BLESSÉS GRIÈVEMENT.
1856	3,140	6	16
1857	3,339	10	3
1858	3,662	5	5
1859	3,263	12	4
1860	4,384	12	18

(1) Les états de cette année comprennent un certain nombre d'ouvriers tués qui travaillaient dans des mines *non associées*. Il nous a été impossible de rectifier ce chiffre.

Le résumé de ces tableaux présente les résultats suivants. qui indiquent peu de variations :

LES CAISSES RÉUNIES.

ANNÉES.	NOMBRE total D'OUVRIERS.	NOMBRE DES OUVRIERS	
		TUÉS.	BLESSÉS GRIÈVEMENT.
1856	75,911	233	261
1857	76,304	178	260
1858	76,813	202	270
1859	79,638	197	300
1860	80,187	201	221

En éliminant les résultats de l'année 1856, un peu trop élevés ainsi que nous venons de l'expliquer, on trouve qu'en moyenne il y a eu environ deux cents ouvriers tués par an, et un nombre un peu plus grand d'ouvriers *blessés grièvement*. Par mille ouvriers, il y en a eu 2.5 qui, année moyenne, ont péri par accident.

En 1854, on avait compté dans les mines associées 216 ouvriers tués; en 1855, 217. Comparativement à ces années et surtout eu égard à l'augmentation du nombre total des ouvriers mineurs, il y a eu une diminution relative dans le nombre des accidents qui ont occasionné perte de la vie.

Les caisses communes de prévoyance ont pour destination de pourvoir, en première ligne, aux besoins des victimes d'accident, soit dans le cas de blessures qui ont entraîné une incapacité de travail, soit dans le cas où l'ouvrier qui a péri laisse une veuve et des enfants en bas âge.

Ces caisses étendent leurs bienfaits en raison des ressources dont elles disposent. Elles accordent une pension alimentaire aux « ouvriers vieux et infirmes, » qui ne peuvent plus pourvoir à leur entretien. Dans les associations de Mons et de Charleroy, on consacre, chaque année, des sommes importantes à l'instruction des enfants d'ouvriers.

Les caisses particulières de secours, que chaque établissement est obligé de créer et de maintenir au profit de ses ouvriers, viennent en aide aux blessés, aux malades et à leurs familles.

En resserrant les liens entre les patrons et les ouvriers, en préservant de la ruine de nombreuses familles que la perte de leurs chefs aurait plongées dans la misère, en répandant l'instruction parmi les enfants d'ouvriers, les caisses de prévoyance ont une vertu moralisante qui doit fixer l'attention du Gouvernement et de la Législature. Depuis plus de vingt ans, leur organisation primitive s'est maintenue, et elles ont donné des preuves de leur vitalité.

En ce qui concerne exclusivement les caisses communes de prévoyance, elles ont à pourvoir aux tristes conséquences qu'entraine annuellement la mort d'environ *deux cents* ouvriers qui périssent par accident.

Leurs recettes totales ont été, en 1860, de 1,002,067 francs; leurs dépenses se sont élevées à fr. 751,742 95 c. Au 1er janvier 1861, leur avoir était de fr. 3,619,728 53 c.

En réunissant les recettes et les dépenses des caisses communes et des caisses particulières de secours, les recettes se sont élevées, en 1860, à fr. 2,013,713 94 c.; et les dépenses à fr. 1,637,718 86 c.

Il appartient au Gouvernement et à la Législature de consolider maintenant ces utiles institutions. Pour répondre aux vœux exprimés depuis plusieurs années par les exploitants associés, pour donner aux caisses de prévoyance une base stable, pour les rendre permanentes et faciliter leurs opérations, il suffirait d'accorder à ces institutions, dont l'importance grandit journellement, « les avantages que la loi du 3 avril » 1851 assure aux Sociétés de secours mutuels reconnues.» Tel est le sens de l'avis émis par le Conseil des mines, à la suite de délibérations approfondies, le 17 décembre 1852, et du projet de loi conforme présenté à la Chambre des Représentants par M. Van Hoorebeke, le 26 janvier 1854.

La prévoyance, la charité, le dévouement n'obtiendront-ils pas bientôt leur récompense [1] ?

Pour couronner ces mesures, il est une disposition légale que nous avons réclamée depuis longtemps [2], et mentionnée dans nos comptes rendus (année 1852). Tout en insistant sur l'importance de l'instruction à donner aux filles qui doivent être un jour les compagnes des ouvriers, les mères de leurs enfants, nous pensons qu'un des moyens les plus puissants d'amener l'amélioration du sort de la classe des ouvriers mineurs, ce serait d'*interdire le travail des femmes au fond des puits*. Dépourvues d'instruction, entourées de séductions et échappant à toute surveillance dans les travaux souterrains des mines, les jeunes filles s'y corrompent bientôt, outre que des travaux grossiers dénaturent leur constitution. C'est en vain que l'ouvrier obtiendrait une demeure plus commode et plus salubre, si la femme ne sait pas l'entretenir en bon état; si ses agréments personnels ne détournent pas son mari du cabaret, où il ruine sa santé et sa bourse; si elle n'est point capable d'élever ses enfants, de leur inspirer

(1) Le Gouvernement prussien a publié, sous la date du 10 avril 1854, une loi complète sur « les caisses de prévoyance en faveur des ouvriers des » mines, usines et salines. » Les dispositions de cette loi sont entièrement conformes aux idées que nous avons exprimées depuis longtemps, et qui, depuis la fin de 1852, attendent une consécration de la Législature. Nous nous bornerons à citer deux articles de cette loi :

« Art 10. Les associations de prévoyance acquièrent, au moyen de l'appro- » bation de leurs statuts par le Gouvernement, les droits de personne civile, » si toutefois elles ne les possédaient pas antérieurement.

« Les secours accordés aux ouvriers associés ou à leurs familles sont in- » cessibles et insaisissables.

» Art. 11. Les contributions dues aux caisses de prévoyance par les asso- » ciés sont recouvrables, comme en matière d'impôts, par les soins de l'ad- » ministration des mines; les propriétaires d'établissements sont garants des » versements de leurs ouvriers. »

Voir aussi l'instruction ministérielle du 3 avril 1855, concernant l'exécution de cette loi.

Zeitschrift für das Berg-Hütten-und Salinenwesen in dem Preussischen Staate, herausgegeben von R. VON CARNALL. VI Band, 1 Lieferung. Berlin, 1858

(2) *Enquête sur la condition des classes ouvrières. — Rapport de la Commission instituée par arrête royal du 7 septembre* 1843. Trois volumes in 8°. Bruxelles, 1846 à 1848.

les premiers principes de morale. L'exemple de la Grande-Bretagne, depuis l'acte du 10 août 1842, doit nous encourager pour l'adoption d'une mesure dont elle a pleinement reconnu, non seulement la possibilité, mais aussi l'efficacité. Autrefois, au pays de Liége, on n'admettait pas les femmes dans les travaux souterrains des mines (¹); aujourd'hui encore, dans beaucoup d'exploitations, on leur en défend l'accès. La place de la femme est au foyer domestique. L'école et l'ouvroir doivent la préparer à remplir la mission qui lui est confiée. Nous ne pouvons pas admettre de véritable et durable amélioration de la condition des ouvriers mineurs, si l'on ne commence par interdire aux femmes l'entrée des travaux souterrains.

Un écrivain de talent, M. Ch. Le Hardy de Beaulieu, a récemment insisté sur l'utilité de cette mesure, dans un écrit qui porte pour titre : *les Grèves des ouvriers mineurs au Borinage.*

Les exploitants de mines ont donné, en Belgique, un exemple dont nous ne connaissons l'analogue dans aucun pays. Ce que le règlement a fait en Allemagne, des associations libres l'ont réalisé en Belgique. Dans la Grande-Bretagne, il n'est pas d'exploitation de mines qui n'ait sa *caisse de secours*. Mais l'on n'y trouve pas d'association entre les établissements pour les cas majeurs. Ce lien n'existe pas non plus en France, où les caisses de secours sont aussi généralement établies près des exploitations de mines.

Ce qui distingue les caisses de prévoyance en Belgique, c'est leur organisation qui a prévu tous les cas et pourvoit à tous les besoins. Ces associations peuvent subsister par elles-mêmes, au moins si elles se renferment dans les limites assignées par leurs statuts. Il suffit donc de les soutenir, de leur permettre de fonctionner en écartant les obstacles qui

(¹) FERD. HENAUX. *La Houillerie du pays de Liége sous le rapport historique, industriel et juridique.* 1 vol in 8°, p. 62, note 3. Liége, 1861.

entraveraient leur marche, en leur procurant les facilités qu'elles sont en droit de réclamer. Bien que les exploitants de mines donnent aux caisses communes des sommes égales au montant des retenues qu'y versent leurs ouvriers, que le budget de l'Etat et celui de trois provinces leur accordent des subventions, il ne faut pas oublier qu'en réunissant les recettes des caisses communes et des caisses particulières de secours, la majeure partie des ressources, les *deux tiers*, provient des contributions des ouvriers. Ce sont leurs sacrifices, les cotisations des exploitants, le zèle désintéressé de ces derniers, leur esprit de charité et de dévouement, qui soutiennent ces institutions. Elles ont contracté des dettes, des engagements envers les pauvres mutilés, les veuves et les orphelins de ceux qui ont péri. Le Gouvernement lui-même, qui a demandé des subsides à la Législature, qui a approuvé les statuts et sanctionné implicitement les engagements qui y sont contractés, est moralement intéressé au maintien de ces caisses.

Après plus de vingt années d'existence, tout le monde reconnaîtra que les caisses de prévoyance en faveur des ouvriers mineurs ont leur vitalité propre, et qu'il est essentiel d'en assurer l'avenir.

Nous demandons au Gouvernement de persister dans ses intentions de 1854, et de présenter de nouveau à la Législature le projet de loi qui avait été élaboré à cette époque.

Décembre 1861.

ANNEXES.

I.

CAISSES DE PRÉVOYANCE

EN FAVEUR DES OUVRIERS MINEURS.

COMPTES DE 1860.

Caisses de prévoyance en faveur des ouvriers mineurs. — Comptes de 1860.

RECETTES.

DÉSIGNATION DES ASSOCIATIONS.	CAISSES COMMUNES DE PRÉVOYANCE. Retenues sur les salaires.	Cotisations des exploitants	Subventions de l'État.	Autres recettes	TOTAL.	CAISSES PARTICULIÈRES DE SECOURS. Retenues sur les salaires.	Cotisations des exploitants.	TOTAL	TOTAL GÉNÉRAL
	FR. C.	FR. C.	FR. C.	FR. C.	FR. C.	FR. C.	FR. C.	FR. C.	FR. C.
de Mons	131.101 21	131.101 22	13.000 »	37.340 03	312.542 46	259.220 79 (b)	44.633 09	283.873 88	596.418 34
de Charleroy	146.866 12	146.866 11	13.000 »	51.041 90	357.774 13	356.345 57	»	356.345 57	714.119 [illegible]
du Centre	42.894 64	42.894 65	4.900 »	10.736 73	101.426 02	14.298 15 (c)	14.298 15	28.596 30	130.022 32
de Liége	58.009 12	58.009 12	9.850 » (a)	42.897 70	168.765 94	288.563 96	24.569 82	313.133 78	481.899 72
de Namur	24.112 88	24.112 89	1.800 »	8.648 77	58.674 54	27.609 68 (d)	»	27.609 68	86.284 22
du Luxembourg	847 46	847 45	274 »	915 »	2.883 91	1.042 86	1.042 87	2.085 73	4.969 64
Totaux	403.831 43	403.831 44	42.824 »	151.580 13	1.002.067 »	927.081 01	84.563 93	1.011.646 94	2.013.713 94

DÉPENSES.

DÉSIGNATION DES ASSOCIATIONS.	CAISSES COMMUNES DE PRÉVOYANCE. Pensions et secours.	Instruction, amélioration morale.	Frais d'administration.	TOTAL.	CAISSES PARTICULIÈRES DE SECOURS.	TOTAL GÉNÉRAL	Avoir au 1er janvier 1861.	Charges au 1er janvier 1861.
	FR. C.	FR. C.	FR. C.	FR. C.	FR. C.	FR. C.	FR. C.	FR. C.
de Mons	264.475 87	17.500 »	7.696 40	289.672 27	258.007 10	547.679 37	820.421 25	132.261 03
de Charleroy	216.289 »	8.058 »	7.901 89	232.248 89	301.192 78	533.441 67	1.393.275 58	122.021 80
du Centre	72.964 »	»	598 30	73.562 30	24.528 49	98.090 99	282.083 38	73.184 »
de Liége	124.024 25	»	7.648 15	127.672 40	271.670 51	399.342 91	893.968 88	139.268 64
de Namur	23.272 11	»	3.507 56	26.779 67	28.979 32	55.758 99	213.921 79	23.272 11
de Luxembourg	1.569 67	»	237 55	1.807 22	1.597 71	3.404 93	16.037 65	1.569 67
Totaux	702.594 90	25.558 »	23.590 03	751.742 93	885.975 91	1.637.718 86	3.619.728 53	491.857 25

(a) La caisse de Liége a reçu, pour l'année 1860, une subvention de … francs; on n'a porté dans les comptes que la subvention de 1859, en… en 1860.

(b) Les états publiés par la commission administrative ne mentionnent pas séparément les cotisations des exploitants.

(c) Les cotisations des exploitants ne sont pas indiquées pour toutes les caisses particulières de secours de cette province.

(d) Même observation que ci-dessus (b).

II.

Projet de loi présenté par M. le Ministre des travau publics à la Chambre des Représentants, dans séance du 26 janvier 1854.

—

LÉOPOLD, roi des Belges,

A tous présents et à venir, salut.

Sur le rapport et la proposition de Notre Ministre des trava publics,

NOUS AVONS ARRÊTÉ ET ARRÊTONS:

Notre Ministre des travaux publics présentera, en Notre no aux Chambres législatives, le projet de loi dont la teneur suit :

ART. 1er. Les caisses communes de prévoyance, formées da l'intérêt des ouvriers attachés à l'exploitation des mines, minièr et carrières, ou aux ateliers qui en dépendent, et dont le but e d'assurer, en cas d'accidents, des secours et des moyens d'existen aux ouvriers devenus incapables de travailler, ainsi qu'aux veuv et aux familles de ceux qui ont péri ; des secours aux vieillards aux infirmes, dans les limites des ressources de ces caisses, pou ront être reconnues par le Gouvernement comme établissemen d'utilité publique, en se soumettant aux conditions indiqué ci-après.

ART. 2. Celles de ces associations qui voudront être reconnu adresseront un exemplaire de leurs statuts à la députation per manente de la province où elles ont leur siége.

La députation permanente transmettra cette demande, dans le deux mois, au Ministre des travaux publics, avec ses observa tions.

Un arrêté royal conférera à ces associations le caractère d'ét blissements d'utilité publique.

ART. 3. Les caisses de prévoyance reconnues jouiront des avan tages suivants :

1° Faculté d'ester en justice, à la poursuite et diligence de leur administration. Toutefois, lorsque l'affaire excédera la compétence du juge de paix, elles ne pourront plaider qu'avec l'autorisation de la députation permanente du conseil provincial, sauf le recours au Roi, en cas de refus d'autorisation. Elles pourront obtenir exemption des frais de procédure, en se conformant à l'arrêté royal qui sera pris en vertu de l'art. 4 ;

2° Exemption des droits de timbre et d'enregistrement pour tous actes passés au nom de ces caisses, ou en leur faveur. Seront délivrés gratuitement et exempts des mêmes droits, tous certificats, actes de notoriété ou autres, dont la production devra être faite pour le service de ces caisses ;

3° Faculté de recevoir des donations et des legs, moyennant l'accomplissement des formalités prescrites par le n° 4 de l'art. 76 de la loi communale.

Art. 4. Des arrêtés royaux détermineront :

1° Les conditions et les garanties requises pour l'approbation des statuts des caisses de prévoyance ;

2° Les conditions auxquelles les caisses de prévoyance reconnues sont admises à plaider gratis ;

3° Les causes qui peuvent entraîner la révocation de l'acte d'approbation ;

4° Les formes et les conditions de la dissolution, et le mode de liquidation ;

5° L'emploi de l'actif, après le paiement des dettes, en cas de révocation ou de dissolution.

Cet actif pourra être attribué à des caisses du même genre, reconnues par le Gouvernement, ou à des bureaux de bienfaisance, chargés de la continuation du paiement des pensions et secours.

Art. 5. Les membres de l'administration de ces caisses, et les associés qui contreviendraient aux arrêtés royaux pris en exécution des numéros 3, 4 et 5 de l'article précédent, seront passibles des peines comminées par l'art. 1er de la loi du 6 mars 1818.

Art. 6. Les pensions et secours accordés par les caisses de prévoyance reconnues, ainsi que les secours distribués par les caisses particulières des établissements qui y sont affiliés, ne sont ni cessibles ni saisissables.

Art. 7. Chaque année, avant la fin d'avril, l'administration des caisses de prévoyance reconnues adressera à la députati[on] permanente de la province, conformément au modèle arrêté p[ar] le Gouvernement, un compte de ses recettes et de ses dépen[ses] pendant l'exercice écoulé.

Elle répondra à toutes les demandes de renseignements q[ue] l'autorité lui transmettra sur des faits concernant ces associatio[ns].

DISPOSITION TRANSITOIRE.

ART. 8. Le Gouvernement adressera un rapport détaillé a[ux] Chambres, sur l'exécution de cette loi, au plus tard, dans la se[s]sion ordinaire de 1857.

Donné à 185

Par le Roi : LÉOPOLD.

Le Ministre des travaux publics,

EM. VAN HOOREBEKE.

TABLE DES MATIÈRES.

Original en couleur

NF Z 43-120-8

www.ingramcontent.com/pod-product-compliance
Lightning Source LLC
LaVergne TN
LVHW020438230826
846091LV00004B/1541

* 9 7 8 2 0 1 6 1 9 0 4 9 4 *